LE VIN

Un peu,
beaucoup,
passionnément...

À mon père, Jacques Gasparotto

Responsable éditoriale : Kathie Fagundez
Édition : Stéphanie Auvergnat
Correction : Karine Afchain
Direction artistique : Vincent Rioult
Conception graphique de la couverture et de l'intérieur : Amélie Petiet
Réalisation graphique de l'intérieur : Marie Pécastaing
Fabrication : Nicolas Zeifman

Illustration de couverture : © Walnut Bird/Shutterstock

contact@lerobert.com
ISBN : 978-2-32102-028-8

Laure Gasparotto

LE VIN

Un peu, beaucoup, passionnément...

le Robert

INTRODUCTION

« Les pampres de la vigne s'entrelacent à la chronologie humaine avec une telle intimité que raconter le vin, c'est relater l'homme », écrit Salvador Dalí dans un livre qu'il a entièrement dédié à Bacchus et à son épouse, Gala, *Les Vins de Gala du divin* (Draeger, 1977). Venue du fond des âges, la vigne naît dans des forêts du Carbonifère, se prête spontanément à divers croisements, puis au brassage des peuples. De l'Asie à l'Égypte, de la Grèce à la Gaule et jusqu'en Amérique, cette espèce végétale est conduite par les êtres humains depuis des millénaires.

En trente dates charnières, cet ouvrage raconte l'histoire de l'humanité par le biais du vin, reflet des goûts et des techniques de son temps. Issu d'une plante pérenne, fluide de la vie continue, le vin donne à lire autrement les générations qui se succèdent. Parce qu'il est multiple, source de santé pendant longtemps, mais aussi joyau poétique, essence d'une esthétique, résultant d'une quête d'éternité, ce liquide devenu mythique et divin nous ouvre une fenêtre de connaissances originales, où tous les thèmes se mêlent, de la botanique à la peinture, des croyances religieuses à l'évolution des techniques. Ces pages puisent à la source d'une culture générale bien loin de s'offrir aux seuls amateurs de vin.

Fruit de l'histoire, de la géographie et des mœurs d'un lieu précis, un verre de vin parle, s'écoute et se traduit. Il raconte les pouvoirs en place au cours des siècles, les droits et devoirs qui changent, les civilisations qui passent avec leurs récits et leurs légendes.

À travers cette aventure du vin, vous saisirez les mouvements d'un temps permanent et comprendrez que les conséquences d'une décision prise au XIXe siècle se manifestent encore deux cents ans plus tard. Telles les solutions trouvées à la crise du phylloxéra qui priment toujours.

Œuvre pacifique, la vigne symbolise de manière unique la transmission d'une génération à l'autre.

Suivons ses sarments comme un relais de connaissances !

Laure Gasparotto

SOMMAIRE

ET SI LE VIN ÉTAIT NÉ BIEN
PLUS TÔT QU'ON NE LE PENSAIT ?
UNE DÉCOUVERTE SCIENTIFIQUE
BOULEVERSE TOUT CE QUE L'ON CROYAIT
SAVOIR SUR LES ORIGINES DE LA VIGNE.
DU CAUCASE AU CROISSANT FERTILE,
UN MYSTÈRE MILLÉNAIRE
REFAIT SURFACE…

LA NAISSANCE DU VIN

Vers 9500 avant Jésus-Christ, dans le Caucase et le Croissant fertile, les premiers pieds de vigne cultivés auraient vu le jour. Cette datation fait la une de la revue *Science* le jeudi 2 mars 2023 : une centaine de chercheurs du monde entier révèlent que la vigne domestique serait née il y a onze mille cinq cents ans, ce qui fait reculer l'origine du vin de trois mille ans par rapport à ce qui était admis jusque-là.

Évidemment, le vin n'est pas né du jour au lendemain. Produit agricole, le jus de la vigne est le résultat d'un processus de transformation sophistiqué dont on ne sait pas exactement comment il a été découvert. D'abord, il y eut la plante sauvage apparue en même temps que les forêts originelles, puis il a fallu que nos ancêtres fassent l'expérience de son fruit, jusqu'à le mettre en fermentation. Grâce aux technologies de plus en plus performantes dont disposent les historiens, nos connaissances du passé se précisent.

En travaillant au déchiffrage du génome de centaines de variétés de vignes cultivées et sauvages, l'équipe scientifique internationale de 2023 a établi l'existence de deux foyers indépendants et concomitants de domestication de cette espèce végétale. La vigne se serait ainsi formée d'une part dans le Caucase et d'autre part, plus étonnamment, dans des zones du Proche-Orient et du Moyen-Orient.

Avant 2023, on présumait que le berceau de la viticulture était le Caucase – les territoires de la Géorgie, de l'Arménie et de l'Azerbaïdjan actuels. Et pour cause, les textes à notre disposition, qu'il s'agisse de la Bible ou de *L'Épopée de Gilgamesh*, orientaient les indices dans cette direction. Dans le livre de la Genèse, Noé, après le déluge, plante les premières vignes sur le mont Ararat, dans l'est de l'Anatolie. Dans le récit des aventures du roi d'Uruk, écrit il y a quatre mille ans, bien avant la Bible, il est question d'une femme chargée de produire et de commercialiser du vin à Dilmun, en Mésopotamie.

Par ailleurs, on s'en tenait aux conclusions sur l'origine du mot « vin » obtenues par la glottochronologie

– une technique utilisée pour dater le moment où deux langues se sont séparées – et complétées par des datations au carbone 14. Elles soutenaient que ce vocable aurait dérivé des langues parlées en Anatolie et dans le Caucase, elles-mêmes à l'origine des langues indo-européennes. Il semble même que la racine qui a donné le mot « vin » soit la seule commune à toutes les langues indo-européennes, ce qui tendait à prouver son ancienneté et surtout son antériorité.

Jusqu'aux résultats de l'étude de 2023, les scientifiques restaient partagés. Les uns donnaient un seul événement de domestication de la vigne dans le Caucase, du Proche-Orient au golfe Persique. Les autres penchaient pour deux foyers, avec un second dans le Croissant fertile, berceau de l'agriculture.

C'est surtout Patrick McGovern, le directeur scientifique du laboratoire d'archéologie biomoléculaire pour la cuisine, les boissons fermentées et la santé du musée de l'université de Pennsylvanie, qui a étudié en profondeur cette question avec ses équipes. Dès le début des années 1980, son laboratoire s'est intéressé aux traces de composés organiques produits par l'activité humaine, ouvrant de nouveaux champs de recherche. Impliqué dans de nombreuses fouilles archéologiques dans tout le Moyen-Orient, celui que l'on surnomme souvent l'Indiana Jones du vin a pu ainsi identifier les premières traces de raisin et de vin confirmées par des résidus chimiques. Au début des années 1990, de découverte en découverte, il n'a alors cessé de repousser la date d'apparition du vin, d'abord à 3400 avant Jésus-Christ, puis rapidement à 5400 avant Jésus-Christ, grâce à des poteries issues de fouilles à Hajji Firuz, en Iran.

En 2017, une équipe d'historiens et de scientifiques a établi une datation à environ 6000 avant Jésus-Christ. Puis le génome du raisin eurasiatique, c'est-à-dire des régions montagneuses du Proche-Orient, a été entièrement séquencé. C'était le premier fruit à faire l'objet d'une telle étude. Son ADN a fait reculer encore ses prémices, aux environs de 7000 avant Jésus-Christ.

Parallèlement à ses fouilles sur le terrain et ses recherches en laboratoire, Patrick McGovern a eu l'idée de combler les lacunes de ses résultats par des re-créations de banquets antiques. En fabriquant des répliques de vaisselle d'origine, en élaborant d'anciennes boissons alcoolisées ou en cuisinant des lentilles broyées dans des mortiers de basalte, le scientifique tentait d'approcher la réalité de nos ancêtres. Il a exploré toutes les voies de recherche pour comprendre la naissance du vin, sa composition et son utilisation.

Ainsi, dans toutes les études publiées en 2017 et 2018, on datait la domestication de la vigne aux alentours de 8000 avant Jésus-Christ. Il semblait alors impossible d'aller plus en amont de cette époque. C'était sans compter sur le perfectionnement continu des outils technologiques. En 2023, l'ADN a de nouveau parlé, bousculant les esprits. Du jamais vu ! Les chercheurs de 23 laboratoires différents – de la Californie au Yunnan, en Chine, en passant par la France – ont mis en commun leur déchiffrage du génome de 1 600 cépages cultivés et 800 autres prélevés sous leur forme sauvage, provenant de 16 pays et dont certains n'avaient même jamais été recensés.

Une nouvelle histoire du vin s'impose aux yeux du monde depuis ce jour de 2023. On sait désormais qu'à ses débuts la vigne était une liane sauvage et forestière, portant de petites baies noires, acides et peu sucrées. Autrement désignées comme des lambrusques, ces lianes colonisaient les forêts ancestrales de toute la partie européenne du monde, allant du Moyen-Orient à l'Asie, en passant par le Caucase. Or, leur nature aurait commencé à changer il y a quatre cent mille ans, et au cours des deux cent mille ans suivants ces premières vignes se seraient séparées en deux branches, l'une à l'est, l'autre à l'ouest de l'Europe. Puis, au cours du dernier épisode glaciaire, celle de l'est se serait à son tour scindée en deux sous-populations, de part et d'autre d'une barrière montagneuse : l'une dans les pays du Caucase (Géorgie, Arménie et Azerbaïdjan actuels), l'autre dans le Proche-Orient, les glaciers renforçant la séparation de ces deux niches écologiques. Ce n'est qu'il y a environ onze mille cinq cents ans que les humains auraient domestiqué la vigne, florissant sur les versants de cette séparation naturelle de plus de mille kilomètres, selon deux processus indépendants et néanmoins simultanés.

Contrairement à ce que l'on admettait, cette plante grimpante n'aurait pas d'abord été cultivée pour la fabrication du vin. Au contraire, dès sa domestication, les grappes fruitées auraient été récoltées tant pour l'alimentation que pour la boisson. Nous pouvons établir désormais que la culture de la vigne s'est imposée en même temps que celle des céréales, de l'olivier, du palmier et du figuier.

Enfin, l'étude de 2023 révèle une autre surprise : la majorité des grandes familles actuelles de cépages ne viendraient pas du Caucase, qui n'en aurait engendré qu'une seule, restée locale, mais du Croissant fertile. De ce dernier proviendraient les cinq grandes familles à la source de tous les cépages connus aujourd'hui dans la production du vin, qui auraient ensuite essaimé vers l'Afrique du Nord et toute l'Eurasie. En réalité, ils auraient suivi les mouvements migratoires humains de l'est vers l'ouest de l'Europe, ce qui tend à prouver que la culture de la vigne a accompagné la sédentarisation des sociétés.

En progressant en même temps que les populations agricoles, les cépages se seraient peu à peu croisés génétiquement avec les vignes sauvages locales, ce qui a donné naissance à de nouvelles variétés, mieux acclimatées aux conditions autochtones. Ainsi sont apparues les trois plus récentes familles : celle des Balkans il y a huit mille ans, celle de la péninsule ibérique il y a sept mille sept cents ans et celle de l'Europe de l'Ouest il y a six mille neuf cents ans. Renforcée par les échanges culturels qui ont marqué l'âge de bronze, cette dernière famille de cépages s'est alors beaucoup plus diversifiée.

En nous permettant de poser un nouveau regard sur l'histoire du vin, ces révélations scientifiques apportent des clés indispensables à la viticulture actuelle, aux prises avec le changement climatique. En observant comment la vigne s'est adaptée pendant ces milliers d'années, en suivant pas à pas ses mutations, les vignerons pourront mieux anticiper leur travail. Par exemple, on a compris que la floraison est si régulière parce qu'en évoluant la vigne est devenue hermaphrodite, alors qu'à l'origine les fleurs mâles et femelles étaient séparées. Or, si elle porte à la fois des gamètes mâles et femelles, sa floraison est *de facto* facilitée, et par suite l'apparition des grappes de raisins. C'est bien la domestication de la vigne qui l'a rendue hermaphrodite. La plante et l'homme se sont donc adaptés l'un à l'autre !

Enquête éternelle dans le passé, jamais définitive, l'histoire s'écrit selon les moyens et les préoccupations des chercheurs au fil des époques. Depuis les années 1990, le vin est d'un intérêt majeur dans l'économie mondiale. D'où les financements privés et publics qui ont pu faire avancer la connaissance à son sujet. Si la Chine est associée à ces recherches, c'est parce qu'elle souhaite devenir elle-même un des premiers pays producteurs de vins. Mais aussi parce que les coûts des recherches en Chine sont moins élevés que partout ailleurs. Ainsi la révélation fondamentale du 2 mars 2023 est-elle née d'une cohésion scientifique internationale pionnière autour d'un intérêt commun, l'origine du vin.

Celle-ci avoisine les débuts les plus lointains de notre civilisation, voilà qui est prouvé. Comme cette collaboration prouve que le jus de la vigne demeure à travers les âges un facteur d'union et de paix.

LE RÈGNE DE DARIUS IER
SUR L'EMPIRE PERSE EST FONDATEUR
POUR LA CIVILISATION DU VIN.
LES FÊTES DU NOUVEL AN
MARQUENT SON APOTHÉOSE,
SANS DOUTE INÉGALÉES DEPUIS
CETTE PÉRIODE ANTIQUE TANT
ELLES ÉTAIENT EXTRAVAGANTES.

LE VIN DANS L'ANTIQUITÉ

21 mars 515 avant Jésus-Christ. À l'occasion des fêtes du Nouvel An, Darius le Grand, roi de l'Empire achéménide de 522 à 486 avant Jésus-Christ, reçoit les émissaires de tous les peuples qui lui sont assujettis. Pour la première fois, ces cérémonies de Nowruz ont lieu dans sa nouvelle capitale, Persépolis, dont le nom signifie « la cité perse ». Ce premier jour de printemps, ouvrant une nouvelle année dans le calendrier solaire en usage, est de bon augure pour présenter son lieu de pouvoir dont les travaux commencés trois ans auparavant sont enfin achevés.

La réception protocolaire se tient dans la grandiose salle d'audience de l'apadana, la salle du trône aux 72 colonnes. Entourés d'une longue cohorte de guerriers et de gardes, dignitaires et sujets apportent leurs offrandes pour rendre hommage à leur roi, en empruntant des escaliers monumentaux dont les murs sont sculptés des figures de leurs satrapies, c'est-à-dire leurs provinces. Outre les animaux, trésors et autres bijoux, les tributs offerts comptent des outres contenant les unes de la bière et les autres du vin, en grande quantité. Chacun apporte le cru de sa contrée, du Nil (car Darius est aussi pharaon d'Égypte) jusqu'à l'Indus. C'est d'ailleurs en partie sur ce territoire perse, en Mésopotamie exactement, que l'on s'est mis à cultiver la vigne plusieurs millénaires auparavant. À présent, cette boisson est portée aux nues, et servie avec le plus grand raffinement.

Située dans le sud-ouest de l'Iran actuel, la ville de Persépolis a été construite près de la cité plus ancienne de Chiraz, éloignée d'à peine 70 kilomètres. Or, Chiraz est déjà reconnue pour son vignoble dont la production est acheminée par les routes des collines jusqu'aux lieux de pouvoir: la nouvelle capitale et Suse, à mi-chemin entre Persépolis et Babylone. Contrairement à ses prédécesseurs, Nabuchodonosor, Cyrus Ier, Cambyse Ier, Cyrus II et Cambyse II, qui gouvernaient depuis Babylone, Darius a choisi de résider à l'année dans son palais de Suse; il se rend à Persépolis uniquement au printemps pour y célébrer Nowruz, bien que certains historiens pensent que l'empereur a pu y vivre davantage qu'une semaine par an. Toujours est-il qu'à Persépolis, comme à Suse, parviennent les crus de tout l'empire, parmi lesquels ceux de Chiraz sont les plus fins et les plus recherchés.

D'après les historiens grecs Hérodote (482-425 avant Jésus-Christ) et Strabon (63-25 avant Jésus-Christ), l'ivresse aurait même joué un rôle sous les Achéménides dans le jugement des questions importantes. Les décisions devaient ensuite être confirmées en état de sobriété; de même, celles prises à jeun devaient être validées en état d'ivresse. Quant à la population, elle recevait des rations de vin fixées en fonction du sexe: les hommes en recevaient vingt à trente litres par mois, tandis que les femmes en avaient dix, et dix de plus si elles donnaient naissance à un garçon, mais seulement cinq de plus si c'était une fille. Même les animaux royaux, chevaux et chameaux, avaient le droit de boire du vin, considéré comme une boisson fortifiante.

Dans l'Empire perse, la consommation de vin marque aussi une hiérarchie sociale. Grâce à des historiens comme Wouter Henkelman et Gauthier Tolini qui ont étudié de près les textes en élamite gravés sur des tablettes d'argile et de bois découvertes au début du XXe siècle sur le site de Persépolis, nous possédons des informations plus précises, notamment en ce qui concerne les élites, du roi aux grands administrateurs de l'Empire en passant par les membres de la haute noblesse. Ce sont des dizaines de milliers de litres de vin qui étaient livrées pour la table du roi, en même temps que bien d'autres denrées alimentaires: céréales, bœufs, moutons, volailles, miel et produits laitiers. Darius ne les consommait évidemment pas seul: ces provisions étaient ensuite redistribuées aux familles nobles et aux soldats.

Une certaine Irdabama, mentionnée dans les textes des tablettes, perçoit par exemple des livraisons alimentaires abondantes de la part de l'administration royale, dont du vin en quantité. Sans doute était-elle la mère ou une des épouses de Darius Ier, car elle bénéficiait d'un personnel d'au moins quatre cents travailleurs, et de revenus conséquents provenant de plusieurs domaines en Babylonie. Dans ses diverses demeures, et lorsqu'elle fait étape au cours de ses déplacements entre Persépolis et Suse ou Babylone, Irdabama ne manque de rien, ni de nourriture ni de vin, qu'elle reçoit en abondance et qu'elle partage ensuite avec son entourage. De même, la princesse Irtastuna, fille de Cyrus et épouse de Darius Ier, bénéficie des avantages de son rang : le vin fait partie de ses approvisionnements en même temps que des bêtes, céréales, fruits et de la bière à profusion, aussi bien pour elle que pour son personnel nombreux.

Les quantités de vin dépendent de la position hiérarchique occupée au sein de la haute noblesse. Dans cette logique, Darius en reçoit plus que sa mère, Irdabama, qui en reçoit elle-même plus que sa belle-fille. Une fois ce principe établi, les historiens peuvent déduire le rang social d'une personne citée dans les textes des quantités de vin qui lui étaient attribuées.

Si pendant les fêtes de Nowruz en 515 avant Jésus-Christ le vin fait partie du faste et de l'exception, il appartient aussi, dans la société perse, à un certain quotidien, quel que soit le sexe ou le statut. Parce qu'il est devenu indispensable à cette civilisation, le vignoble s'étend autour de Chiraz comme sur bien d'autres collines, celles de Suse entre autres, ou sur les hauts plateaux de Fars, au nord-ouest de Chiraz, pour ne citer que quelques exemples. Les textes mais également l'iconographie de cette époque l'attestent si bien que l'on sait même que la résidence royale était ravitaillée en productions à la fois locales et plus éloignées. Babylone entre autres lui livre du vin de palme et du vin de raisin, vraisemblablement à parts égales, tout comme il existait de la bière de datte, servie notamment quand le roi était à Babylone.

Du système de production du vin à sa distribution, tout suit alors un protocole parfaitement rationnel. Jusqu'au service à table, codifié et hautement raffiné. Il n'est qu'à voir la vaisselle de cette époque, qui suggère des manières de boire délicates. Les archéologues ont mis au jour non seulement des jarres de transport, bouchées autrefois par des mottes d'argile marquées du sceau du vignoble de provenance et de son propriétaire, mais aussi des coupes réalisées dans des matériaux rares et précieux, albâtre, argent ou or, décorées le plus finement possible. Retrouvés pour certains dans le bâtiment du trésor de Persépolis, ces récipients luxueux portent le nom du souverain suivi de son titre de « Grand Roi ». Sans doute s'agit-il des vestiges des cadeaux apportés lors de Nowruz par les envoyés diplomatiques, probablement conçus exprès pour leur destinataire prestigieux.

En 515 avant Jésus Christ, voilà donc longtemps, au moins deux mille, voire trois mille ans, que le territoire de la Perse consomme du vin, en maîtrise la production, les codes symboliques comme l'art du service. Le vin est bien ancré dans cette civilisation. Moins d'un siècle plus tard, le Grec Hippocrate de Kos (vers 460-377 avant Jésus-Christ), considéré comme le père de la médecine occidentale, rédige son célèbre serment en même temps qu'il propose une pharmacopée dans laquelle le vin trouve une large part, comme médicament à boire pur ou mélangé à des herbes ou autres substances. Dès son époque et au fil de toutes les suivantes, l'autorité d'Hippocrate est telle que l'historien de la médecine Vivian Nutton affirme qu'« au XXIe siècle, à l'exception de la Bible, aucun texte et aucun auteur de l'Antiquité ne [la] surpassent » encore. Il semblerait que les rois de Perse, qui faisaient toujours appel aux meilleurs médecins du monde (du moins celui de leur géographie connue), aient instantanément voulu prendre Hippocrate sous leur aile, mais celui-ci aurait refusé.

Pendant la longue période de l'Antiquité, les usages du vin se révèlent donc multiples, de la célébration aux soins, des rituels à un usage plus quotidien. Pourtant, aujourd'hui, c'est bien dans cette région que le vin n'a plus droit de cité depuis longtemps. Lorsqu'à l'issue de ce que l'on appelle la conquête arabe, au VIIe siècle, les musulmans prennent le pouvoir, ils interdisent la consommation de tout alcool. Malgré tout, la viticulture a perduré : près de Persépolis, le vignoble de Chiraz (qui semblerait néanmoins ne pas être le berceau du cépage syrah, comme on peut le lire ici ou là) a continué de prospérer, avec une réputation de vins les plus fins du Moyen-Orient. Au Moyen Âge, soit plus de mille ans après Darius Ier, de nombreux poètes y louaient le vin. « Je tombais de sommeil et la sagesse me dit : les roses du bonheur ne parfument jamais le sommeil. Pourquoi t'abandonnes-tu à ce frère de la mort ? Bois du vin. Tu as l'éternité pour dormir », écrivait ainsi au XIIe siècle le célèbre Omar Khayyâm, également astronome et mathématicien.

Au XXIe siècle, la civilisation du vin de Perse n'est plus qu'un souvenir, mais elle fait partie de notre histoire universelle. En 1979, l'Unesco a inscrit Persépolis au patrimoine mondial de l'humanité. S'il n'en reste que des ruines, cet ensemble de treize hectares aux vestiges monumentaux, parmi lesquels des salles du trône, du trésor ou de réception, encore décorées de sculptures exceptionnelles, fait partie des sites archéologiques les plus importants du monde.

LA VEILLE DE SA MORT,
JÉSUS ACCOMPLIT DES GESTES
LIÉS AU PAIN ET AU VIN QUI SCELLENT
LA DESTINÉE DE CES DEUX ALIMENTS
DANS LA CULTURE DE L'OCCIDENT.
LA CHRÉTIENTÉ S'EST ALORS FAIT
FORT DE DÉVELOPPER LA VITICULTURE
DANS TOUTE L'EUROPE.

VIN ET CHRÉTIENTÉ

7 avril 30 après Jésus-Christ. À Jérusalem, Jésus de Nazareth réunit autour de lui ses douze apôtres dans une petite salle haute afin de préparer la Pâque juive, qui commémore la sortie d'Égypte. Au cours de ce repas, alors qu'il se sait condamné à mort, il accomplit des gestes qui s'inscriront comme le fondement du rite chrétien de l'Eucharistie, célébré à chaque messe.

Après avoir annoncé à ses disciples que l'un d'entre eux va le trahir, il prend le pain posé sur la table, le rompt et dit devant ses commensaux surpris : « Ceci est mon corps donné pour vous. » Puis il prend la coupe de vin servie devant lui et ajoute : « Ceci est mon sang, le sang de l'alliance, versé pour la multitude. » À ce moment précis, Jésus donne une signification spirituelle nouvelle et puissante au vin, comme au pain, qu'il lie à son sacrifice – il sait qu'il sera crucifié le lendemain.

Par l'effet de sa parole, lorsque le pain devient son corps et le vin, son sang, il convertit une substance en une autre. À des yeux païens, il s'agit de magie. Mais aux yeux des chrétiens, ce phénomène relève de l'action du Saint-Esprit. Il faut attendre le concile du Latran en 1215 pour que ce concept soit défini comme un dogme, confirmé trois siècles plus tard par le concile de Trente : « Par la consécration du pain et du vin s'opère le changement de toute la substance du pain en la substance du corps du Christ notre Seigneur et de toute la substance du vin en la substance de son sang ; ce changement, l'Église catholique l'a justement et exactement appelé transsubstantiation. »

Si le vin est au centre de la Cène, ce dernier repas du Christ partagé avec ses apôtres la veille du Vendredi saint, il est aussi au centre du tout premier miracle qu'il a accompli quelques années auparavant pendant des noces à Cana, où il se trouvait avec sa mère. Constatant que les mariés n'avaient plus de vin à offrir à leurs invités, alors qu'ils n'en étaient qu'au troisième jour des célébrations sur les sept prévus, Marie avait demandé à son fils d'y remédier. Jésus avait obéi.

Il s'était exécuté dans l'intention de manifester pour la toute première fois sa gloire aux yeux du monde grâce à une transformation liée au vin. Afin d'aider concrètement le jeune couple, Jésus avait changé six jarres d'eau, contenant chacune deux ou trois mesures, en vin. La mesure correspondant à environ 40 litres, Jésus convertit entre 480 et 720 litres d'eau en vin : un beau cadeau pour les amoureux ébahis. Cette quantité considérable de vin destinée à faire la fête prouve au passage qu'il est synonyme de joie et de partage dans la religion chrétienne.

Lorsque Jean choisit de raconter ce miracle dans son évangile, il évoque la nouvelle alliance proposée par Jésus, celle du vin avec Dieu dans le cadre d'un mariage. L'évangéliste précise aussi que le vin abondant est bon : « Le maître du repas appelle le marié et lui dit : "Tout homme sert d'abord le bon vin et, quand les gens sont ivres, le moins bon. Toi, tu as gardé le bon vin jusqu'à présent !" » Voilà un double miracle quand on sait que produire une bonne bouteille est une chose complexe. Cette transformation de l'eau en un vin agréable à boire reflète les saveurs du Royaume de Dieu, puisqu'un bon vin donne la joie de vivre et favorise la communion entre les bienheureux qui le partagent.

Cette histoire illustre le projet de Jésus de montrer l'alliance des hommes avec Dieu telle une vie d'abondance. Elle résonne d'autant plus fort qu'elle est mise en perspective avec le dernier repas qui utilise le vin dans une alliance encore plus forte : Jésus le transforme cette fois en son sang pour sceller le fondement de la foi chrétienne.

Dans la Bible, bien avant l'arrivée du Messie, le vin tient un rôle majeur, inauguré par Noé dans la Genèse. Averti par Dieu de l'approche d'un Déluge, le patriarche rassemble à bord d'une arche les couples de chaque espèce d'animaux et de végétaux, parmi lesquels des plants de vigne. Puis, lorsque le Déluge est passé, sa première action à terre est de planter son sarment afin de produire du vin. Noé aime le boire, mais il boit trop et s'enivre, ce qui déclenche des histoires de famille infernales, notamment avec ses fils. Le premier livre de la Bible évoque ainsi le vin comme le symbole d'une perte de contrôle. Plus loin, le Cantique des cantiques associe plutôt le vin à l'amour, quand l'Apocalypse s'en sert pour évoquer la séduction et l'idolâtrie. Ailleurs, il symbolise la vie et la bénédiction de Dieu. Surtout dans le Nouveau Testament où le vin nouveau est à l'image joyeuse de l'Évangile, une bonne nouvelle à proclamer. Jésus change la donne du vin. On les accuse même, lui et ses disciples, d'être des ivrognes puisqu'ils boivent du vin quand Jean Baptiste n'en boit pas.

Or, au cours de la Cène, Jésus n'associe pas le vin qu'à la joie ou à l'épreuve. Il lui confère une dimension divine, si bien que, dans la religion chrétienne, le vin appartient intégralement au culte. Après la chute de l'Empire romain d'Occident qui encourageait la viticulture, celle-ci recule mais elle est relancée par les évêques, les abbés et les moines.

En même temps que la chrétienté prend de la puissance, l'Église catholique convertit le caractère païen du vin en élément sacré. Les ecclésiastiques sont ainsi parmi les plus grands propriétaires viticoles. Citons comme exemple Didier, évêque de

Cahors de 630 à 655, qui a vraisemblablement possédé à lui seul 88 propriétés viticoles dans le Quercy et l'Albigeois.

Bien que le vin soit nécessaire à la pratique du culte, il est alors avant tout une source de revenus pour les abbayes, dans lesquelles sa consommation est très encadrée. Les moines boivent le vin qu'ils produisent sur place dans des quantités définies strictement, l'ivresse étant prohibée. La règle de saint Benoît, par exemple, attribue à chacun l'équivalent d'un quart de litre de vin par jour. Mais les monastères sont aussi des lieux d'accueil, où le vin doit honorer les hôtes, souvent sur les routes de pèlerinages. Afin de parfaire la qualité de leur production, beaucoup d'abbayes ont ainsi bénéficié de conseils agronomiques et d'apports de techniques de vinification de la part de moines bourguignons, alors considérés comme à la pointe en matière de viticulture.

Clairement encouragée par la chrétienté, la viticulture concentre plusieurs dimensions, du symbole d'alliance avec Dieu dans son expression sacrée à son rôle social et économique. Toute la chrétienté accapare la culture de la vigne que l'islam rejette de ses terres où elle est pourtant née. Au Moyen Âge, le vignoble s'étend dans toute l'Europe christianisée, quelle que soit la latitude, de l'Espagne au nord de l'Allemagne. Quelques ouvrages témoignent d'une concurrence âpre entre les vins du Sud et ceux du Nord.

En 1224, Henri d'Andeli écrit *La Bataille des vins*, la fable d'une dégustation comparative organisée par le roi de France. C'est dire la haute importance accordée à ce produit. Dans l'histoire, plus de 70 échantillons sont réunis : ils proviennent de Moselle, d'Alsace, du Midi, de Saint-Émilion, d'Épernay, de Beaune, ainsi que d'Espagne et de Chypre. Il est amusant de constater que l'expert choisi par le roi de France est un prêtre anglais, considéré comme impartial ; amusant car bien des siècles plus tard les Anglais sont toujours reconnus internationalement comme des experts en vin. L'idée est de sélectionner le vin qui sera le plus digne de la table du roi. Finalement, l'Anglais élit le vin doux de Chypre, terre de l'ordre religieux de Saint-Jean de Jérusalem. Et, pour conclure la dégustation, il dit : « Prenons tel vin que Dieu nous donne », tout en excommuniant les vins qu'il n'a pas retenus.

Une centaine d'années après, un autre ouvrage relate une dégustation comparative imaginaire du même acabit, alors que cette fois les vins de Bourgogne ont pris de l'ampleur. Il s'agit de *La desputoisson du vin et de l'iaue*, un recueil de contes dans lequel c'est finalement le saint-pourçain, accessoirement produit sur les terres de la maison de Bourbon, qui est élu vin favori pour le pape et pour le roi. Contrairement à la religion juive dans laquelle le goût du vin a peu d'importance, la viticulture du monde chrétien se développe avec un souci qualitatif et gustatif, selon une hiérarchie correspondant à celle de la société.

Centre névralgique de la culture cistercienne en général et de la haute viticulture en particulier, le Clos de Vougeot en Bourgogne, après l'abbaye de Cluny désormais en déclin, s'impose comme un modèle pour toutes les abbayes productrices de vin. Au cours du Moyen Âge, le vin recherché doit être la traduction terrestre des qualités divines, selon un idéal d'harmonie esthétique. À l'antithèse de Cluny, où selon saint Bernard les moines noirs bénédictins se levaient de table « les veines gorgées de vin et la tête en feu », les cisterciens étudient avec austérité et travaillent la vigne selon des méthodes rationnelles en notant scrupuleusement leurs observations. Avec les cisterciens, la noblesse européenne connaît un regain spirituel qui se traduit dans la qualité des vins. Pour y parvenir, ces moines vignerons considéraient les meilleures souches à planter, faisaient des essais de taille, prélevaient des boutures, greffaient, vinifiaient soigneusement et procédaient régulièrement à des dégustations comparatives. Inspirés par leur travail, de nombreux monastères, abbayes, et églises se mettent à les imiter. Telles les religieuses du Clos de Tart à Morey-Saint-Denis, le chapitre de la cathédrale de Langres avec son Clos du Chapitre ou encore la cathédrale d'Autun qui crée un Clos à Corton.

Grâce à son habile gestion des terres, l'Église ne cesse au cours des siècles suivants de s'enrichir grâce au vin, dans lequel elle ne voit pas uniquement le sang du Christ mais aussi une assise économique des plus intéressantes. Parce qu'elle a su le hisser qualitativement, génération de religieux après génération, elle a réussi à léguer à la postérité des crus reconnus comme divins aussi bien par les croyants que par les non-croyants.

À LA FIN DU Iᴱᴿ SIÈCLE, UN ÉDIT HISTORIQUE DE L'EMPEREUR DOMITIEN ORDONNE AUX PROVINCES ROMAINES DE RÉDUIRE DE MOITIÉ LEUR VIGNOBLE. LA CONCURRENCE, NOTAMMENT GAULOISE, MENAÇAIT-ELLE À CE POINT LE COMMERCE DES VINS ITALIENS ?

L'EMPEREUR DES VINS ITALIENS

92 après Jésus-Christ. La date précise n'est certes pas parvenue jusqu'à nous, mais cette année-là s'impose comme un marqueur dans l'histoire du vin. Ce moment-clé a vu un empereur romain tenter de juguler l'envahissement de la culture viticole qui se dirigeait toujours plus vers l'ouest. Il témoigne d'une situation où le vignoble, venu de Grèce, se répandait vers la Gaule et l'Espagne en particulier, faisant craindre pour la prospérité du vin italien.

L'événement est relevé dès cette époque, par l'auteur romain Suétone (vers 70-vers 140) dans son célèbre ouvrage *La Vie des douze Césars*, dont le dernier chapitre relate le règne de l'empereur Domitien (81-96). L'historien écrit : « Dans une année où le vin fut d'une extrême abondance, tandis qu'il y avait disette de pain, persuadé que la passion des vignes faisait négliger les champs, Domitien défendit d'en planter de nouvelles en Italie, et ordonna qu'on ne laissât subsister dans les provinces que la moitié au plus des anciens plants. Cet édit n'eut pas de suite. » C'est ainsi que Suétone évoque le fameux édit promulgué en 92. Grâce à ces quelques lignes énigmatiques, le biographe, qui ne semble pas tenir en haute estime cet empereur trop autoritaire, offre une quantité d'informations sur la situation du vignoble gallo-romain d'alors.

D'abord, il nous apprend que le millésime 92 a donné peu de blé, mais beaucoup de vin. Sur les raisons de cette situation, l'auteur romain reste mystérieux. Est-ce que les conditions météorologiques ont été plus propices cette année-là au vignoble qu'aux cultures céréalières ? Il semble plutôt que le déséquilibre des récoltes ait été le résultat d'une mauvaise répartition de l'utilisation des sols. C'est du moins ce dont aurait été « persuadé » Domitien, ou le prétexte sur lequel il aurait fondé sa décision, qui fut immédiatement contestée. Serait-elle donc issue d'un caprice plus que d'une nécessité ? Suétone juge durement Domitien. Sans doute même faisait-il partie du clan qui s'est réjoui de son assassinat, trois ans après cet édit. Bien que l'auteur n'en ait pas été complice, il ne regrette manifestement pas cet empereur considéré par beaucoup comme un dictateur.

Même s'il est difficile de comprendre tous les paramètres qui ont conduit à la décision impériale de 92, on peut en saisir le contexte et les enjeux. Il serait étrange que cet édit soit parvenu jusqu'à nous s'il n'avait vraiment eu aucun effet, comme le sous-entend Suétone ! D'abord, cette première mesure de protectionnisme de l'histoire rend compte de l'importance du vignoble des provinces romaines, qui aurait été assez étendu et prospère pour menacer le commerce des vins italiens. Vraisemblablement, la crise du blé romain fut liée non à la baisse des rendements mais à la réduction de la superficie des champs au profit de celle des vignes. Comment a-t-on pu en arriver là ? Comment peut-on avoir plus de vin pour remplir les verres que de pain pour nourrir les familles ? Il semble qu'un événement encore plus grave ait mené à cette situation dénuée de bon sens. Remontons aux temps qui ont précédé la promulgation de cet édit si discuté.

Treize ans auparavant, en 79, est survenue une catastrophe majeure : la destruction radicale de Pompéi, lors d'une éruption soudaine du Vésuve. Dans des lettres qu'il envoie à son ami Tacite, Pline le Jeune raconte ce jour d'août où les émanations et les cendres du volcan ont non seulement tué son oncle Pline l'Ancien, mais également enseveli le vin du millésime 78 et anéanti tout espoir de vendanges en 79. Sans compter que les coulées de lave ont tari le vignoble sur plusieurs kilomètres alentour et pour de nombreuses années.

Il faut savoir qu'à ce moment-là le vignoble de Pompéi était si important qu'il approvisionnait la ville de Rome, toute la Campanie, mais aussi le sud de la Gaule jusqu'au port de Bordeaux. Le commerce du vin de Pompéi reposait sur des familles de négociants millionnaires depuis plusieurs générations. Depuis l'époque d'Auguste (27 avant Jésus-Christ à 14 après Jésus-Christ), l'industrie viticole était installée dans toute l'Italie. Garnie de villas tournées vers la mer, de centaines de bars et de tavernes, la baie de Naples était prospère. Son port viticole exportait les produits locaux vers toutes les provinces romaines.

Mais après 79, pour compenser cette perte viticole, des champs de blé autour de Rome ont été rapidement et aléatoirement convertis en vignobles. Si, dans un premier temps, les vignerons déjà établis ont pu bénéficier de la hausse des prix due à la rareté du vin, ils ont vite déchanté quand la production a largement été rattrapée. C'est la raison pour laquelle, avant 92, Domitien a d'abord promulgué un édit pour protéger les grands producteurs de vin, soutiens économiques de son pouvoir impérial, en interdisant que soit plantée de la vigne dans l'enceinte des villes d'Italie.

Puis, afin de prouver davantage son appui aux grandes familles de négociants de vins, il aurait voulu préserver leur commerce en limitant la production viticole des provinces. On ignore si cette décision relève plus d'un stratagème politique personnel afin de rassurer ses parrains que d'une réelle volonté de prendre une mesure économique et protectionniste forte et du souci de prévenir d'une famine éventuelle en favorisant la culture du blé. Néanmoins, elle permet de comprendre l'importance du vin dans le monde gallo-romain au début de notre ère, aussi bien dans son usage que dans ses échanges commerciaux.

L'enjeu économique était majeur. Au Ier siècle, le commerce du vin, venu de Grèce, s'est bien répandu vers toute l'Italie, et les nouvelles provinces plus à l'est commencent elles aussi à en produire. En Gaule, la vigne longe la Narbonnaise depuis déjà plusieurs décennies et continue de progresser vers l'Aquitaine, le Gers, mais aussi le long du Rhône, vers la Bourgogne, la Rhénanie, puis vers le Val de Loire et la Normandie. Comme le souligne avec justesse Lucius Columelle, un Espagnol de Cadix, auteur en 65 d'un traité agronomique, *De re rustica* (« Au sujet des choses rurales »), la viticulture peut être la plus rentable des activités agricoles. On comprend alors la tentation économique qu'elle a inspirée.

Dans son célèbre ouvrage, le premier du genre, Columelle s'étend longuement sur la culture de la vigne. Ses observations se révèlent précises, complètes et si vraies que, même deux mille ans plus tard, elles restent valables. Rien ne lui échappe, ni de la psychologie du vigneron, ni des conditions nécessaires à une production de qualité, ni des risques financiers. C'est que la vigne est à la mode et qu'il voit des gens se lancer dans l'aventure sans rien connaître, ni du sol, ni de la plante, ni du paysage. Columelle donne donc quelques repères : il fixe le rendement idéal à soixante hectolitres par hectare, conseille sur la conduite de la vigne, décrivant la taille ou le palissage, par exemple. Premier agronome de l'histoire à transmettre de telles données, il confirme que le Ier siècle est d'une importance capitale dans l'arrivée de la culture du vin en Europe.

Les Romains étaient devenus de très grands vignerons : pour une vigne de qualité, ils avaient compris l'importance du drainage, d'un terrain en pente par rapport à un terrain plat, ils avaient cerné les avantages d'un terroir caillouteux, et se souciaient des cépages par rapport à un sol (tous leurs cépages avaient alors été importés de Grèce). Dans son *Histoire mondiale du vin*, l'historien anglais Hugh Johnson écrit: «Celui qui voulait planter un nouveau vignoble devait avant tout choisir le cépage. La couleur, le bouquet, le rendement et l'aptitude au vieillissement en dépendaient. Les Romains du Ier siècle étaient aussi soucieux des cépages que les Californiens ou les Australiens d'aujourd'hui.»

C'est dire à quel point l'édit de Domitien s'attaquait à une culture déjà profondément ancrée dans la société. La tradition grecque était parvenue à transmettre ses valeurs et ses goûts. Les meilleurs vins italiens, souvent décrits comme vigoureux, charpentés et aptes à vieillir, provenaient toujours de ces références antiques. Pour les Romains du Ier siècle, c'est au vieillissement que se distinguaient déjà les grands vins des autres crus.

En l'an 92, l'heure était au bilan. D'un côté, la pléthore de vignes faisait s'effondrer le cours du vin, sans compter que sa qualité baissait. D'un autre côté, une pénurie de céréales menaçait la classe politique qui tenait également l'économie. Domitien cherchait à sonner le glas de cette situation intenable. Contrairement à ce qu'affirme Suétone, son édit a eu des conséquences dont celle d'une certaine régulation agricole entre l'Italie et ses provinces. Certes, pas à la hauteur des espoirs de l'empereur, mais elle fut tout de même assez importante pour que près de deux siècles plus tard, en 280, l'empereur Probus abroge cette décision impopulaire et qui n'était pas toujours respectée dans l'Empire romain.

Cette levée officielle de l'interdiction de planter des vignes a transformé radicalement, au IIIe siècle, le paysage de toutes les provinces romaines, de la Pannonie, l'actuelle Hongrie d'où était originaire Probus, jusqu'en Espagne, à la Rhénanie et à la Grande-Bretagne. Rome acceptait enfin le nouveau monde du vin ! Cette culture allait être reprise, et entièrement absorbée ensuite par l'Europe chrétienne.

DANS LE MONDE DU VIN,
SAINT MARTIN DOIT SA RENOMMÉE
AVANT TOUT… À SON ÂNE.
LÉGENDE OU RÉALITÉ, PEU IMPORTE.
L'HISTOIRE DE L'ÉVÊQUE
DE TOURS CONSTITUE UN RÉCIT
FONDATEUR POUR LES VIGNERONS.

MARTIN, SON ÂNE ET LA TAILLE

11 novembre 397. Décédé le 8 novembre, Martin, évêque de Tours depuis vingt-six ans, est enterré trois jours plus tard, le 11. C'est cette dernière date que la postérité retient pour le fêter: encore aujourd'hui, des vignerons de toutes parts continuent de l'honorer chaque année. Pourquoi ? Trait d'union entre la culture militaire romaine et le début de la christianisation de la Gaule, la riche vie de Martin de Tours illustre, aussi, l'adoption de la viticulture par les monastères. Mais il faut reconnaître que sa gloire en la matière revient davantage… à son âne. Ainsi se mêlent à l'histoire des légendes dont l'intérêt, finalement, réside moins dans la véracité que dans leur signification. Remontons le fil du temps pour comprendre comment la mort de ce saint est devenue une date-clé pour le monde du vin.

En 316, Martin naît bien loin de Tours, en Hongrie, dont le territoire appartient alors à l'Empire romain, dans une famille aristocratique. Parce qu'il est un tribun militaire, son père lui choisit ce nom en référence à Mars, le dieu de la guerre. L'enfant suit ses parents au gré des mutations exigées par l'armée, jusqu'à Pavie où il découvre, au cours de ses études, la religion chrétienne.

Bien qu'attiré par cette nouvelle forme de croyance en un seul Dieu, il reste fidèle aux traditions familiales et surtout sociales : en tant que fils de militaire, il continue de vouer un culte à l'empereur romain. Malgré la vocation qu'il ressent pour le christianisme, Martin se laisse donc enrôler dans l'armée, au sein d'une unité d'élite de la garde impériale à laquelle il doit dès lors vingt-cinq ans de service. D'une affectation à l'autre, le légionnaire accomplit son devoir tout en développant sa foi chrétienne.

Un soir d'hiver 334, alors qu'il n'a encore servi que trois ans, le jeune homme avance sur un chemin tout près de sa garnison à Amiens, dans un froid intense. Il a hâte de retrouver les autres soldats. Toutefois, il fait halte en apercevant un pauvre homme visiblement transi. Pris de pitié, il dédouble immédiatement son épais manteau afin de lui en donner une partie – l'autre moitié, le revêtement en tissu rouge, étant la propriété de Rome, non la sienne : seule la doublure appartient au soldat.

Cette scène est demeurée la plus célèbre de la première partie de la vie de Martin. Si célèbre qu'elle est non seulement reproduite dans de nombreuses œuvres chrétiennes, mais aussi à l'origine, dès le Ve siècle, de l'aménagement d'un petit espace de recueillement autour de sa cape, appelé *cappella* en italien. Le nom de « chapelle » sera donné par la suite à tous les lieux de prière de ce type. C'est également à Amiens, où il est toujours en garnison, que Martin est baptisé. Mais ce n'est que bien des années plus tard, quand il quitte l'armée, qu'il peut enfin se consacrer pleinement à sa foi.

Par son parcours, ce personnage incarne à lui seul le pivot de la transition de la romanité à la christianisation, laquelle passe également par un renouveau de la viticulture. Tout comme Martin tire son prénom d'un dieu païen, ce sont en effet des Romains que les premiers monastères héritent des vignobles, qu'ils ne savent pas forcément travailler.

Pour sa seconde vie, Martin a choisi de rejoindre son ami Hilaire, issu comme lui de l'aristocratie romaine, et devenu évêque de Poitiers en 350. Grâce à Hilaire, il obtient un domaine gallo-romain sur lequel il crée un petit ermitage, où il est bientôt rejoint par des moines. C'est le tout premier monastère de Gaule, qui deviendra plus tard l'abbaye de Ligugé. Dès lors, Martin, à dos d'âne, s'emploie à évangéliser le pays.

Quelques années plus tard, en 371, il devient évêque de Tours, malgré lui, sur l'insistance des habitants de la ville qui le vénèrent pour les miracles qu'il a déjà accomplis. L'année suivante, en 372, il crée l'abbaye de Marmoutier de Tours, qui sera le centre de son activité d'évangélisation.

Imperturbablement, sur le modèle du Christ, il continue de sillonner les routes, accompagné de disciples, afin de porter la parole chrétienne jusque dans les moindres profondeurs rurales de la Gaule, ses moindres détours forestiers, ses moindres reculs païens. Car si les villes sont déjà largement christianisées au IVe siècle, notamment grâce à la présence d'évêchés, ce n'est pas le cas des campagnes. Quand sur sa route Martin trouve des résurgences celtiques, il les fait remplacer par des lieux de culte chrétiens, églises ou ermitages. Il a beau être évêque, c'est à dos d'âne qu'il voyage ! Il fait œuvre de prosélytisme, avec succès, car c'est vraiment lui qui forme les premiers clercs de sorte qu'ils puissent créer et occuper les premiers monastères gaulois. Occupé par quatre-vingts frères issus de l'aristocratie, Marmoutier lui sert de creuset.

Grâce à son éducation, son expérience et son statut d'évêque, Martin parle aussi bien à l'empereur qu'au roi, entrelaçant ainsi, dès les débuts de la christianisation, le pouvoir politique et la nouvelle influence religieuse. Alors qu'un jour de janvier il se trouve près d'une vigne de l'abbaye de Marmoutier, Martin s'accorde une pause en laissant sa monture attachée à un piquet. La légende dit que l'évangélisateur s'est endormi et que son âne en a profité pour aller ratiboiser les sarments voisins, laissant les ceps quasi nus. On raconte que les moines qui les exploitaient furent mécontents, craignant pour leur vendange future. Or, quelques mois plus tard, à leur grand étonnement, leur récolte s'est révélée bien plus abondante que les années précédentes, et surtout les raisins étaient de meilleure qualité. Tout le monde en a conclu non que tous les ânes s'appelleraient Martin, mais que la vigne devait être taillée pour offrir un meilleur vin !

Qu'elle soit authentique ou non, cette histoire doit être interprétée telle une parabole. D'abord, elle montre que les premiers monastères de Gaule possédaient des vignobles au IVe siècle, mais que les moines ne savaient pas toujours comment s'y prendre pour bien les travailler. Ce sont les Romains qui avaient introduit la vigne sur les rives de la Loire, comme l'attestent les écrits de Pline l'Ancien au Ier siècle. Les moines étaient persuadés que plus les sarments étaient longs, plus ils récolteraient de raisins, alors qu'en réalité c'est tout le contraire. La leçon de l'âne indique que la taille n'est pas un geste évident. Il a fallu prendre conscience de son importance fondamentale dans la conduite d'une bonne viticulture, l'apprendre et le maîtriser. Les leçons d'agriculture du Romain Columelle (4-70 après Jésus-Christ) étaient alors déjà bien loin, et pas encore transmises.

Les premiers moines sont propriétaires de vignes mais pas encore véritablement viticulteurs. D'où l'importance de l'histoire de Martin, qui enseigne la viticulture en même temps qu'il christianise. Pérenne, un cep de vigne est façonné année après année lors de la taille d'hiver, qu'il garde en mémoire grâce à la forme qu'il prend. Les vignerons savent désormais que la taille est le geste le plus essentiel de leur métier : une bonne taille assure la longévité de leur vignoble, comme une mauvaise taille peut engendrer une maladie au bois de leurs plantes. Enfin, que ce soit l'âne de Martin qui en ait par hasard indiqué l'importance relève de la parabole, celle du travail que chacun doit faire sur son âme : élaguer les vieux sarments pour laisser mûrir les fruits nouveaux.

Après Martin et la chute de l'Empire romain, tous les évêques du haut Moyen Âge s'imposent comme les plus importants viticulteurs, la vigne conservant un prestige social au-delà de sa nécessité dans l'Église chrétienne. Après l'enterrement de l'évêque de Tours le 11 novembre 397, un jour si ensoleillé que des fleurs ont fait leur apparition (d'où est née l'expression « été de la Saint-Martin »), sa tombe devient le premier lieu de pèlerinage de la Gaule chrétienne.

Son exemple est suivi par l'évêque Germain, qui fait planter des vignes à Paris, l'évêque Didier à Cahors, l'évêque Théodulfe à Orléans, etc. Le royaume des Francs, de la dynastie des Mérovingiens (avec Clovis) à celle des Carolingiens (avec Charlemagne), choisit Martin comme saint patron. Depuis, la région de Tours s'est imposée aussi bien comme un foyer de spiritualité que comme un vignoble important. Dans son *Histoire des Francs*, l'évêque Grégoire de Tours, qui ne cache pas son adoration pour son prédécesseur, Martin, évoque l'état des vignobles dans le Sancerrois et la Touraine en 582, renforcés par la proximité du fleuve qui contribue au développement du commerce des vins – les routes étant moins fiables pour le transport des marchandises.

Les rois ont contribué à l'essor de ce vignoble de Loire, à proximité de Paris. Lorsqu'il est couronné roi d'Angleterre en 1154, Henri II Plantagenêt, comte d'Anjou, a ainsi fait importer les vins de cette région dans sa cour d'outre-Manche. De même, les rois de France ont soutenu cette viticulture lorsqu'ils ont choisi le Val de Loire pour y construire leurs châteaux de villégiature.

Tout comme la légende de son âne premier tailleur de la vigne, la Saint-Martin dépasse largement la Touraine et la France : de nombreux vignerons, dans le monde entier, se réunissent le 11 novembre. Parce que c'est la tradition, certes sans toujours savoir vraiment pourquoi, si ce n'est que les vins de la Saint-Martin sont les premiers du millésime à être présentés, deux mois après les vendanges. Généralement, la fête du beaujolais nouveau a lieu autour de cette date, comme les différentes paulées, ces grands repas qui clôturent le travail de l'année dans les vignes.

Autour du saint et du geste si symbolique de la taille, cœur de son métier et de son savoir-faire, le peuple vigneron reste soudé à travers les âges. Le 11 novembre, jour d'été qui ressurgit au milieu des grisailles et des brouillards épais de fin d'automne, est là pour encourager les professionnels avant leur rude traversée de l'hiver, au cours duquel il faut continuer de travailler la vigne, la tailler court pour la préparer aux beaux jours et favoriser une récolte généreuse.

LE VISAGE DU VIGNOBLE
BOURGUIGNON N'A PAS PRIS UNE RIDE,
ET POURTANT IL DATE DE LA FIN
DU MOYEN ÂGE. AVEC PHILIPPE
LE HARDI, LE VIN DEVIENT UN OBJET
ESTHÉTIQUE ET PHILOSOPHIQUE,
AU MÊME TITRE QUE LA MUSIQUE,
LA SCULPTURE OU L'ARCHITECTURE.

LA BOURGOGNE, UN VIGNOBLE D'EXCEPTION

31 juillet 1395. Par la promulgation d'une ordonnance devenue acte historique, le premier des ducs Valois de Bourgogne, Philippe le Hardi, s'érige en dessinateur du vignoble de sa région : parce qu'il considère que le vin en est un ambassadeur prestigieux, il prend en main les conditions de sa production. Depuis plus de vingt ans, quand l'homme de pouvoir vend son vin ou l'offre à sa table, il sent que son image et son autorité sont en jeu. À l'occasion de la naissance de son fils – le futur Jean sans Peur –, il n'a pas hésité à en faire servir à ses hôtes l'équivalent de 190 litres par jour, entre le 23 mai et le 10 octobre 1371. Aussi, en 1395, tandis que les papes, qui sont de ses clients, continuent à se succéder en Avignon, le duc comprend parfaitement les enjeux de la commercialisation de vins de qualité. Sa démarche est alors absolument unique dans l'histoire du vin : afin de garantir la valeur des crus de sa région, il impose aux vignerons une réglementation qui passe par l'oubli pur et simple du gamay, qu'il tient pour trop productif et peu qualitatif.

Dans son édit, Philippe le Hardi se montre même cruel envers ce cépage, qu'il désigne comme un simple « plant » : « Ce vin de gamay est de telle nature qu'il est très nuisible aux hommes. [...] plusieurs personnes qui auparavant en ont consommé, en ont été incommodées par de graves maladies ; car ce vin qui est issu et fait avec ce plant, de par sa nature est plein d'une très grande et insupportable amertume [...] car il dégage une odeur forte et désagréable. » Plus loin, il durcit son attaque et ajoute : « Ce mauvais plant donne une très grande abondance de vins et pour produire une plus grande quantité de vins, ils [les vignerons] ont laissé en ruine et en friche les bons lieux où avait l'habitude de croître le dit bon vin. »

Bien que le pinot noir ne soit pas cité dans cet édit, il est déjà planté sur le terrain, et encouragé depuis bien longtemps. Le chardonnay lui-même en est d'ailleurs issu, par un croisement avec du gouais.

Dès lors, les couleurs du vin de Bourgogne sont définitivement choisies. En rouge, le vermeil domine grâce à la délicatesse du pinot noir, avec son aspect « œil-deperdrix» et son rubis éclatant. En blanc, le doré tantôt beurré, tantôt cuivré du chardonnay l'emporte. Tel est le tableau gourmand peint par Philippe le Hardi, offrant une vision commerciale qui perdure aujourd'hui.

Si le duc s'intéresse aux conditions de production du vin dans sa région au point de les édicter noir sur blanc, c'est aussi parce qu'il y possède lui-même une vingtaine de châteaux entourés de vignes, dont les crus lui sont source de revenus. L'un d'eux, une forteresse aux toits bicolores à Santenay, existe toujours. Depuis 1997, il appartient au Crédit Agricole qui a restauré un vignoble de 98 hectares, de Gevrey-Chambertin au nord à Mercurey au sud, digne des grandeurs du duché médiéval. Du temps de celui-ci, l'idée de vinifier les parcelles séparément, comme on le fait aujourd'hui, ne prédominait pas encore : les raisins des différents domaines ducaux étaient vinifiés ensemble, et assemblés à des raisins achetés auprès d'autres vignerons.

Quoi qu'il en soit, le vin de Bourgogne tel que le souhaite Philippe le Hardi n'est pas destiné au tout-venant, explique l'historien Guillaume Grillon dans *Climats du vignoble de Bourgogne* (Glénat, 2013) : « Le duc sait qu'il fait du grand vin, le revendique, en sert sur les plus belles tables de Flandre et de Bourgogne, l'offre à ses hôtes de marque, au roi de France, au pape. Tous ceux qui s'arrêtent au palais ducal, tels les cardinaux de Paris ou de Savoie, repartent avec ses jus. »

Le vin selon Philippe le Hardi renoue avec l'origine sacrée que lui conféraient les Égyptiens ou les Perses. Il a fallu le contexte très particulier du duché de Bourgogne, hissé au sommet de son prestige et de son pouvoir avec les Valois, concurrençant voire narguant les rois de France, pour rendre possible ce paradigme viticole si original. Appuyé par la puissance de l'ordre cistercien de la région, le duc a toutes les clés en main pour œuvrer à la destinée œnologique de son terroir. Encouragés dans leurs recherches spirituelle et scientifique, les moines se servent du vin comme d'un art fonctionnel, lié certes à des contingences matérielles (la matière première liée au climat, les outils plus ou moins efficaces, etc.), pour atteindre des strates exceptionnelles (grâce au raffinement des arômes et des saveurs). Dompter le vin, c'est aussi, pour eux, une manière de dompter le diable, car le vin peut rendre décadent ou faire grandir. De génération en génération, ils se sont donc transmis, de manière orale et écrite, leurs expériences et leurs connaissances, sans cesse enrichies, pour aboutir à une espèce de graal à la charnière des XIVe et XVe siècles.

À ce moment-là, tout semble réuni pour parvenir à l'apothéose de la construction viticole bourguignonne. Au pouvoir, les ducs Valois, de Philippe le Hardi à Charles le Téméraire, en passant par Jean sans Peur et Philippe le Bon, sont confortés dans leur prestige notamment par la papauté, rappelons-le alors chassée de Rome et présente en Avignon. Leur vin contribue à accroître non seulement leur influence, mais aussi celle de l'Occident dont ils s'imposent comme les Grands Ducs. La Bourgogne atteint un faste inégalé et un raffinement suprême, lesquels iront encore en s'amplifiant pendant les vingt-cinq années de paix que permet le traité d'Arras, signé en 1435 par le roi de France Charles VII et le duc de Bourgogne, en présence de diplomates de pays européens voisins.

Le modèle viticole bourguignon inventé au Moyen Âge par Philippe le Hardi reste unique au monde. Les vignerons contemporains s'affichent comme les héritiers directs de ceux qui ont travaillé la même terre avant eux. S'il ne sert plus à élever l'âme de manière religieuse, le vin sert de chemin dans une quête esthétique. Déjà au XVIe siècle, dans son célèbre *Théâtre d'agriculture et mesnage des champs*, Olivier de Serres lie les vins les plus précieux aux « gens de bon esprit ». Boire du vin n'est donc pas la finalité : c'est le point final d'une longue quête humaniste et civilisatrice, par laquelle la viticulture exprime une volonté consciente, culturelle et identitaire.

Comme une langue vernaculaire, le vin de Bourgogne est devenu un bien commun traduit par une langue propre, où les noms de climats apparaissent comme des partitions que les générations interprètent les unes après les autres, à leur manière et selon les contingences de leur époque. À l'inverse d'une grande majorité de vins qui se sont depuis largement standardisés, ceux de Bourgogne ont su préserver leur différence, en ne remettant jamais en cause l'ordonnance de Philippe le Hardi, et en délaissant à jamais le gamay. Ce dernier a heureusement fini par trouver une terre d'accueil un peu plus loin vers le sud, dans un Beaujolais au sol plus granitique qui lui convient mieux que le calcaire bourguignon.

Cette place à part de la Bourgogne dans l'univers des grands vins, grâce à une histoire qui a mille ans d'avance sur le reste du vignoble mondial, se traduit dans ses paysages. Tellement travaillés qu'ils ressemblent à une mosaïque ciselée par des murs de pierres sèches séparant harmonieusement les climats et les propriétés. De la vision ambitieuse du premier des ducs Valois, il résulte un vignoble élevé au statut d'œuvre d'art dans lequel la moindre parcelle d'un grand cru de la Côte de Nuits atteint la cote d'un tableau de Rembrandt. En somme, Philippe le Hardi a si bien su valoriser ses terres qu'elles sont devenues, au fil des siècles, les plus chères du monde. Au point que, dans le vignoble, il n'y a plus de place que pour des plants de vigne : exit les arbres fruitiers qui viendraient le coloniser et faire perdre de la surface de sols trop convoités ! Au prix si élevé de ses hectares, le vigneron préfère sacrifier des arbres que des ceps, plus juteux.

D'ailleurs, sa terre ne se mesure plus en hectares, tant elle est devenue financièrement inaccessible, mais en unités plus petites : les transactions de grands crus se font désormais à l'ouvrée, l'équivalent de 428 mètres carrés, tirant son origine de la surface de vigne bêchée en une journée par un vigneron. Pour preuve du tarif exorbitant, loin d'un monde paysan déjà initié par Philippe le Hardi, prenons l'une des dernières ventes de deux ouvrées du grand cru musigny en 2018, opérées entre deux familles bourguignonnes sur une base de soixante millions d'euros l'hectare. Il y a forcément de quoi perdre la tête quand on en hérite. Entre les droits de succession et les partages entre héritiers, la préservation de la propriété du vignoble devient une gageure pour les familles bourguignonnes.

Pour motiver les successeurs à préserver leur patrimoine, le travail de transmission des valeurs autres que celle de l'argent se fait dès le berceau : l'amour de la terre, du ciel, du paysage, du vin, de cette histoire, mais aussi la fidélité, la loyauté, l'anticipation – tout ce qui au fond ne s'achète pas. Cela n'empêche pas l'entrée d'hommes d'affaires milliardaires qui acquièrent peu à peu les bijoux de famille.

Tel le battement d'ailes du papillon qui crée une tempête à l'autre bout du monde, l'ordonnance ducale du 31 juillet 1395 posait deux intentions (celle de créer les vins les plus prestigieux et celle de faire en sorte que ces vins ne ressemblent à aucun autre grâce à deux cépages) dont les conséquences sont éminemment manifestes six siècles plus tard. Il est devenu si acquis qu'un rouge de Bourgogne est issu du pinot noir que le cépage n'est même pas indiqué sur l'étiquette. On boit du pommard, du volnay, du vosne-romanée, mais pas du simple pinot noir, qui n'est là que pour transmettre l'identité d'un lieu. De même pour les blancs de Bourgogne : on boit du meursault, du puligny-montrachet ou du chassagne, sans savoir forcément qu'ils sont issus de chardonnay. C'est tout le génie de Philippe le Hardi qui explose encore aujourd'hui dans nos verres !

À PARTIR DU XVIIE SIÈCLE,
LE VIN PEUT ENFIN ÊTRE
CONSERVÉ LONGTEMPS, ET VA MÊME
POUVOIR DEVENIR EFFERVESCENT,
GRÂCE À UNE INVENTION
D'EXCEPTION : UNE BOUTEILLE
EN VERRE, STABLE ET SOLIDE.

L'INVENTION DE LA BOUTEILLE

21 novembre 1662. Ce jour-là, à Londres, une commission parlementaire reconnaît officiellement Sir Kenelm Digby comme l'inventeur de la bouteille en verre. À 59 ans, cet astrologue, chercheur, philosophe et diplomate est fatigué, et de plus en plus souvent malade. De cette nouvelle, il ne tire aucune gloire. Lui qui a subi exils, dettes, injustices, qui a enduré le décès de son épouse et de trois de ses fils, soupire simplement d'une satisfaction contenue.

Cette reconnaissance lui permet de passer à la postérité pour une invention, même s'il la considère comme secondaire. L'année précédente, en 1661, l'industriel John Colnett avait eu le culot de déposer un brevet pour cette trouvaille, et bien d'autres avant lui en avaient revendiqué la paternité.

Pour mieux comprendre les enjeux économiques de l'innovation majeure que représente la bouteille, il faut se plonger dans l'Angleterre du début du XVIIe siècle. D'abord, en 1615, le roi Jacques Ier ordonne que le bois précieux des forêts anglaises soit réservé à la construction navale. Si bien que les fourneaux des verreries sont désormais alimentés par du charbon. Ce qui semblait à l'origine une punition se révèle un avantage : très vite, les fabricants de verre se rendent compte que le charbon permet des températures plus élevées qui donnent un matériau beaucoup plus solide. La nouvelle résistance du verre s'impose immédiatement comme une avancée considérable. Un certain Robert Mansell, lui aussi un visionnaire, s'y intéresse de près. Il perfectionne cette technique, au point qu'il en obtient le monopole en 1623.

Une dizaine d'années plus tard, c'est au tour de Kenelm Digby de s'y intéresser, par une voie détournée. Aventurier, chercheur, ami des plus grands scientifiques et politiques de son temps, cet aristocrate excentrique se passionne pour l'alchimie. C'est donc dans le cadre de sa quête de la pierre philosophale qu'il s'essaie à la production de verre. Au cours de ses expériences de laborantin, Digby découvre que l'ajout d'une certaine poudre dans la matière première confère au verre une robustesse inégalée. En s'alliant l'expertise de Mansell s'agissant de la cuisson, il prouve que la chaleur d'un four peut être augmentée en utilisant des tunnels pour aspirer l'oxygène. Il obtient ainis un verre bien plus solide et résistant.

En quelques années, Digby parvient à fabriquer une bouteille d'une couleur vert foncé ou brune, efficace pour protéger le vin des rayons ultraviolets, dotée de parois épaisses et résistantes et d'une dépression conique au fond pour renforcer son point le plus faible. Il est alors temps de passer à la phase industrielle : sous la houlette de Mansell, il ouvre un fourneau dans la forêt de Dean, à Newnham on Severn, dans la région riche en charbon du Gloucestershire. Une production en masse de bouteilles solides et bon marché est lancée.

Pour Digby, la vie n'est définitivement pas un long fleuve tranquille. Alors qu'il pourrait devenir un industriel prospère, la guerre civile, entre les partisans du Parlement et les royalistes, l'éloigne de l'Angleterre. Il devient sans doute espion, tout en poursuivant ses recherches scientifiques et philosophiques. Ami du peintre Anthony Van Dyck, qui fait son portrait en 1640, il rencontre régulièrement des penseurs tels que Thomas Hobbes, René Descartes, Robert Boyle et même Isaac Newton, tous à la recherche des causes des mécaniques physiques. Kenelm Digby s'impose à son époque en tant qu'auteur de plusieurs traités reconnus sur les causalités matérielles des phénomènes visibles. Si bien que, lors de la création de la Royal Society, pour la promotion de la recherche scientifique, en 1662 à Londres, il en fait partie aux côtés d'Isaac Newton.

Pourquoi cette officialisation survient-elle trente ans après son invention ? Ce jour de 1662, le Parlement d'Angleterre souhaite réglementer la fabrication des bouteilles en verre, dont la contenance fluctue d'un exemplaire à l'autre, afin de prévenir les fraudes. Car il est encore totalement interdit d'utiliser les bouteilles pour commercialiser le vin.

Si cette invention a vu le jour et été perfectionnée en Angleterre, c'est parce que l'Angleterre domine la moitié du monde au XVIIe siècle ! Ses entreprises sont réparties dans tous les territoires, d'où elles expédient leurs différentes productions : du porto du Portugal, du xérès d'Espagne, du marsala de Sicile, des vins de Bordeaux, ainsi que des alcools (gin et rhum) des Caraïbes. Le transport, pour le négoce, de tous ces trésors liquides se fait en gros, dans des tonneaux de bois. Les bouteilles sont réservées au bout de la chaîne des échanges, quand l'acheteur désire consommer le vin, au moment du service. D'autant que, jusqu'à l'invention de Digby, on ne pouvait pas les fermer. C'est lui qui remet en usage le bouchon de liège, mais en l'enfonçant dans le goulot (le tire-bouchon est inventé en même temps !). Ce qui fait la force du contenant qu'il a mis au point, c'est la bague au niveau du col, qui permet ce bouchage. Digby préférait le bouchon en verre, plus sain, moins sujet aux bactéries, mais sa technique révolutionne là encore le monde du vin.

Lorsque la bouteille se standardisera, au XIXe siècle, l'Angleterre continuera de donner la mesure : si la bouteille de vin moderne a une contenance de 75 centilitres, c'est que celle-ci correspond à une subdivision du gallon impérial britannique, valant un volume de 4,5 litres, qui équivaut à six bouteilles.

En 1662, Kenelm Digby se félicite avant tout de ce que le Parlement ait rétabli la vérité et dit la justice. Peu enclin à s'appesantir sur ses gloires terrestres, il croit en l'éternité de l'âme, comme il l'a souvent noté dans ses carnets. Il espère que ses réflexions, ses écrits et ses découvertes serviront l'humanité. Il a raison : grâce au perfectionnement de la bouteille, la qualité intrinsèque du vin pourra être améliorée. Contenant et contenu évolueront en même temps, créant cette unité qui fondait la quête ultime de l'aristocrate.

Avant lui, la plupart des bouteilles étaient d'une telle finesse qu'elles n'étaient utiles qu'au service à table. Souvent même, elles étaient clissées, c'est-à-dire doublées d'une enveloppe d'osier pour être protégées du moindre choc. Progressivement, la bouteille a évolué, non sans de longues périodes de casses et d'éclats, et l'humanité a écrit la suite de son histoire dans les pas de Sir Digby. Mais en 1662, seuls des visionnaires peuvent prendre toute la mesure de l'impact qu'aura le perfectionnement de son matériau sombre, solide et stable. Ses premières bouteilles ressemblent à des globes, ou à des oignons, tant elles sont renflées à la base. Très vite, en 1670, les Hollandais adoptent cette forme, puis les Français quelques années plus tard, en 1707.

Bien que la bouteille de vin moderne soit née quelques dizaines d'années avant sa reconnaissance officielle, ce jour de 1662 marqué au fer rouge par le Parlement britannique prouve l'importance de l'enjeu commercial qui pointait déjà : depuis deux ans, on trouvait à la cour du roi d'Angleterre Charles II les premières bouteilles d'un grand vin de Bordeaux, du Château Haut-Brion. Les vins de qualité sont en effet immédiatement conditionnés en bouteilles et adoptées par les élites européennes, qui en font immédiatement une marque de distinction sociale.

Cependant la première des raisons reste technique: la bouteille fermée et solide permet, d'une manière sans précédent, la préservation du goût du vin, sans danger qu'il tourne au vinaigre, ou du moins avec un risque très réduit. La demande de la haute société britannique joue alors un rôle primordial dans l'exportation des grands crus de Bordeaux, même si l'embouteillage n'est pas à l'époque l'affaire des châteaux de production, mais celle des négociants.

Kenelm Digby lui-même avait envisagé une autre application de son invention: parce que son verre était plus solide, le vin mousseux allait pouvoir être emprisonné dans des bouteilles. Les premiers essais étaient en cours. Or c'est bien la qualité du verre qui allait permettre la maîtrise de l'effervescence. À partir de 1668, un certain Dom Pérignon s'emploie à apprivoiser cette technique pour obtenir un vin pétillant promis à la plus belle destinée.

Deux tableaux célèbres témoignent des agapes aristocratiques de la période faste qui a suivi, célébrant la vie et le vin en bouteille: *Le Déjeuner de jambon*, de Nicolas Lancret, et *Le Déjeuner d'huîtres*, de Jean-François de Troy. Pour la décoration de ses appartements versaillais, le roi de France Louis XV les a commandés en 1735. Cette année-là, il s'efforçait à son tour de réglementer le volume de la bouteille: une déclaration fixe pour tout le royaume, et donc aussi pour l'exportation, la contenance à une pinte (0,93 litre) et le poids de verre à 25 onces (0,98 kilogramme).

Quoique cette tentative d'uniformisation se soit heurtée à des obstacles et ait laissé subsister une grande variété de formes dans les bouteilles, elle témoignait d'une volonté de garantir la capacité et la solidité de ce contenant, au bénéfice du commerce et, *in fine*, du consommateur.

En 1662, la suprématie de la bouteille est encore bien loin d'être assurée. Son coût et son poids l'empêchent de conquérir le marché des liquides ordinaires, et de régner sur les boissons de qualité. En 1787 encore, dans le traité de commerce franco-russe, une claire distinction est maintenue entre les vins arrivés en barriques et ceux en bouteilles, alors même que la clientèle de ces vins est indéniablement aristocratique.

PENDANT DES SIÈCLES,
LA CONSOMMATION DU VIN S'EST FAITE
À PARTIR DE SON CONTENANT DE
TRANSPORT, LE TONNEAU.
JUSQU'À CE QU'UN CAVISTE AIT
L'IDÉE DE LE VENDRE AU DÉTAIL.
CETTE PRATIQUE ENCOURAGE,
DES ANNÉES PLUS TARD, LA MISE
EN BOUTEILLES À LA PROPRIÉTÉ.

DU VRAC AU DÉTAIL

1822. Au numéro 53 de la rue Sainte-Anne, tout près de l'opéra à Paris, s'ouvre une échoppe d'un genre nouveau. Louis Nicolas, un jeune négociant en vin qui vient d'acquérir également trois entrepôts à Bercy, a une idée de génie absolument révolutionnaire: proposer aux Parisiens d'emporter chez eux du vin au détail, c'est-à-dire en bouteilles.

Avec la naissance des Établissements Nicolas et la première boutique d'un réseau qui deviendra mondial, c'est surtout une nouvelle façon d'apporter du vin jusqu'à la table des citadins qui voit le jour. Le roi Louis XVIII gouverne alors un pays dont les tables aristocratiques sont essentiellement fournies grâce à des cuisiniers particuliers qui bénéficient de grandes arrière-cuisines, où les stocks de nourriture équivalent à des magasins. Le vin est là, dans un tonneau, qu'on va tirer au fur et à mesure des repas et qu'on sert dans des carafes. Quant au commun des mortels, il boit surtout du vin au cabaret ou au café, comme au *Café de Paris*, ouvert le 15 juillet 1822, qui s'impose rapidement comme un lieu à la mode. Mais celui qui souhaite consommer du vin chez lui doit d'abord acquérir un tonneau auprès d'un négociant à Bercy, où le vin arrive, par voie fluviale, puis bientôt par chemin de fer. En inaugurant la vente du vin en bouteilles auprès des particuliers, Louis Nicolas change les habitudes de consommation.

Le vin, comme le lait notamment, ne se transporte pas aisément, à cette époque. Dans les campagnes, ces liquides se consomment sur place parce qu'ils sont conservés dans de grands contenants dans lesquels on vient puiser selon les besoins. Depuis toujours, les fûts de vin voyagent sur les mers et les fleuves, par bateau. Ils prennent le train à partir de 1849, avec l'ouverture de la ligne de chemin de fer Paris-Lyon. À Paris, le vin arrive dans d'immenses entrepôts du quartier de Bercy, si vastes au XIXe siècle qu'ils sont désignés comme « le plus grand cellier du monde ». Et pour cause, la capitale française est aussi la ville du monde où l'on boit le plus de vin : un million d'hectolitres en 1800, et jusqu'à 3,5 millions d'hectolitres en 1865.

Des trains, dont certains comportent des wagons-foudres (d'immenses contenants en bois couchés montés sur roues, ancêtres des wagons-citernes), défilent alors sur les rails qui arrivent jusqu'à cette zone de stock et de redistribution, le long des quais de la Seine, où parviennent également les bateaux débordant de tonneaux. C'est ici que la grande majorité des professionnels de la capitale s'approvisionnent auprès des négociants en vin. Les particuliers aussi repartent de Bercy avec un tonneau qui leur servira pour les quelques mois suivants.

Dans ses dépôts de vente, Louis Nicolas propose à ses clients de repartir plutôt avec des bonbonnes ou des bouteilles de vin qu'ils achètent à la mesure. En conditionnant lui-même le vin, le jeune entrepreneur devient le premier caviste de France. Bientôt, il va plus loin dans la proposition de consommation quotidienne. N'oublions pas qu'alors le vin fait partie intégrante du repas, au même titre que le pain. Dès 1840, les Établissements Nicolas proposent un service de livraison à domicile, aussi bien pour le lait que pour le vin. D'abord à bras ou à cheval, le service se fait ensuite par triporteur, pour distribuer rapidement en bouteilles ces deux liquides fragiles. Progressivement, Louis Nicolas agrandit son réseau de boutiques. Quand Étienne reprend l'affaire de son père en 1895, les Établissements en comptent quarante, réparties dans la capitale. Le fils décide d'abandonner le commerce du lait pour se concentrer sur celui du vin qui le passionne. Il affine la sélection et organise un protocole strict pour la mise en bouteilles, afin de garantir la qualité et l'origine du vin. Jusqu'alors, les provenances, Algérie, Languedoc, Bordeaux, Rhône ou Bourgogne, étaient régulièrement mélangées par les négociants. À l'inverse, Étienne Nicolas, lui, décide de se faire un nom sur les bouteilles « fines » qu'il propose. Non sans recours aux nouvelles techniques publicitaires, le marchand se construit ainsi une clientèle fidèle grâce à la nouvelle manière de consommer du vin qu'il suscite.

En 1922, après un siècle d'existence de la marque Nicolas, la mise en bouteilles du vin continue de se faire chez les cavistes du réseau, fort désormais de plus de 140 boutiques. La majeure partie du vin est néanmoins toujours vendue en vrac: le client vient avec son contenant, le remplit, et repart. On se rend chez son caviste comme chez son boulanger, tous les jours. De son côté, inspiré par un livreur de la maison nommé Le Paven, l'affichiste Dransy crée Nectar, caricature publicitaire d'un aimable et frêle caviste avec des yeux en soucoupe, une moustache et une casquette, tenant un bouquet de bouteilles dans chaque main. Il devient l'un des tout premiers personnages de dessins animés de ce que l'on appelle alors les réclames.

Sa notoriété croissant, l'entreprise est prospère. Deux ans avant son centenaire, sur le terrain de cinq hectares qu'elle possède dans le quartier des Carrières, à Bercy, elle a fait construire son siège social par l'architecte Laquerrière, une bâtisse de style néoclassique sur le modèle de l'ancien château démoli. Parallèlement, les Établissements Nicolas inspirent d'autres entreprises viticoles. Après la Première Guerre mondiale, Pierre Legrand ouvre ainsi les Caves Legrand, rue de la Banque, dans le Ier arrondissement de Paris, en plein cœur du quartier des affaires et de la presse. Comme chez Nicolas, le caviste reçoit les vins des propriétés en fûts, et c'est lui qui procède aux mises en bouteilles. Cette toute nouvelle pratique devient alors une garantie supplémentaire de qualité, et surtout un gage de confiance pour la clientèle.

Au début du XXe siècle, les vignerons confient ainsi leur travail de plusieurs années à tout un réseau de cavistes qui se déploie dans les villes européennes. Certains deviennent plus réputés que d'autres grâce à la précision de leur travail autant que pour leur intégrité. Il serait si facile d'assembler un fût à un autre. Cependant, dans le vignoble, certains propriétaires commencent à réfléchir à une manière de mieux contrôler la qualité de leur vin jusqu'au consommateur final. À la tête depuis 1922 du Château Mouton-Rothschild, dans le Médoc, Philippe de Rothschild s'impose comme un pionnier de l'embouteillage au domaine comme preuve supplémentaire de la qualité et de l'origine du vin. Son millésime 1924 est le premier à être conditionné au château. Mais ce n'est qu'à partir de 1927 que Mouton-Rothschild met systématiquement, chaque année, son vin en bouteilles. Onéreuse, l'opération ne peut se répandre aisément dans le vignoble. Logiquement, la pratique est mise en œuvre par les domaines les plus prestigieux, ceux aussi dont les vins sont plus convoités et plus susceptibles d'être mélangés à d'autres, moins coûteux. Il faut être connaisseur pour ne pas se laisser berner. Rapidement, tous les premiers crus du Médoc s'accordent pour suivre le mouvement lancé par le Baron. Seul le Château Margaux reste à la traîne et suit l'exemple de ses voisins dans les années 1950.

Avec ces mises en bouteilles à la propriété, c'est une nouvelle approche de la consommation du vin qui se dessine. Bien qu'un vignoble d'élite ait toujours existé, celui-ci se distingue désormais davantage du vin quotidien grâce à sa manière de voyager au détail. En affinant la distribution de son vin, le vigneron en augmente la notoriété. D'un côté, le vrac se déplace toujours en tonneaux. D'un autre côté, des bouteilles empaillées, installées minutieusement dans des caisses de bois, parviennent luxueusement à leurs destinataires. Les métiers de caviste et de négociant subissent aussi, forcément, des mutations.

Cette révolution dans la commercialisation du vin s'effectue progressivement, sur quasiment un demi-siècle. Jusque dans les années 1970, la majeure partie du vin circule en tonneaux depuis ses lieux de naissance et arrive toujours à Bercy. À Paris, les Nicolas, Legrand et autres cavistes continuent de procéder à la mise en bouteilles, le temps que les vignobles s'organisent pour changer leurs moyens de conditionnement et de transport.

Si l'étiquette de 1924 chez Mouton, dessinée par le fameux affichiste Jean Carlu, se révèle trop précoce, elle se généralise à partir du millésime 1945. Depuis, chaque année, un artiste la marque de sa patte, en faisant *de facto* et *in situ* passer le vin du monde rural à une dimension culturelle. De même, après la guerre, Lucien Legrand reprend l'affaire de son père et impose son style : il se pose en relais parfait pour les vignerons de qualité, dont il devient un ambassadeur de choix, tout comme Nicolas. C'est l'époque où les cavistes sont curieux, cultivés, et conscients d'avoir un rôle fondamental à jouer dans le patrimoine français, et son rayonnement commercial. Ils encouragent ainsi les vignerons qui travaillent bien à mettre leur production en bouteilles.

Chacun réinvente son métier, et se met en phase avec l'autre : vignerons, négociants, cavistes œuvrent ensemble pour garantir une qualité indiscutable. Les tâches sont franchement redistribuées dans les années 1980, lorsque la majorité des domaines viticoles embouteillent enfin leur production sur place, et valident chaque bouteille en y collant une étiquette. Les expéditions ne se font plus désormais par tonneaux, mais par palettes de bouteilles. Les négociants les distribuent aux cavistes quand ceux-ci n'achètent pas directement auprès du vigneron. Quant au caviste Nicolas, il s'est inscrit parmi les distributeurs de vin de référence aussi bien en France que dans le monde.

UN CLASSEMENT DICTÉ PAR L'URGENCE,
SANCTIFIÉ PAR LE TEMPS.
EN 1855, DES COURTIERS BORDELAIS,
SANS LE SAVOIR, FAÇONNENT
UNE LÉGENDE VITICOLE DEVENUE
PATRIMOINE. QUELS SECRETS,
QUELS OUBLIS, QUELLES BATAILLES
SE CACHENT DERRIÈRE CETTE LISTE ?

BORDEAUX 1855,
UN CLASSEMENT
MONUMENTAL

18 avril 1855. Lorsque les courtiers de commerce bordelais publient une sélection de 57 crus rouges et 21 crus blancs, ils ne savent pas qu'ils gravent dans le marbre tout un pan de l'histoire du vin. Le contexte de leur travail est inédit : il s'agit de présenter au monde les meilleurs produits français, aussi bien commerciaux que culturels, à l'Exposition universelle sur le point de se tenir pour la première fois en France, sur les Champs-Élysées à Paris, du 15 mai au 15 novembre 1855. Après la *Great Exhibition* de Londres en 1851, qui a mis haut la barre en matière d'exigence, la France napoléonienne le tient pour défi : elle veut faire mieux que l'Angleterre et éblouir les cinq millions de visiteurs attendus dans la capitale !

Depuis 1787, on sait que les premiers vins de France réputés dans le monde sont ceux de Bordeaux : Thomas Jefferson en a témoigné dans son *Journal de voyage en Europe*. Le successeur de Benjamin Franklin au poste d'ambassadeur en France, futur troisième président des États-Unis, n'était resté que quatre jours dans le vignoble girondin, assez longtemps toutefois pour avoir remarqué que les crus les plus prestigieux étaient ceux de Margaux, Latour et Haut-Brion. Passionné par le vin, Jefferson avait même établi une sélection d'autres grands bordeaux, contribuant à les faire connaître. Il apparaît donc logique que le premier classement officiel de vins français soit né dans ce vignoble, formant la base de ceux qui allaient venir.

Au printemps 1855, sur les épaules des courtiers bordelais pèse une lourde responsabilité. Il en va bien entendu de l'avenir économique des châteaux qui auront l'honneur de faire partie du classement. Plus qu'aux négociants ou aux producteurs, c'est bien aux courtiers que revient cette tâche de les sélectionner, eux qui établissent les prix en même temps qu'un accord juridique entre les parties. Ils ont toujours servi d'intermédiaires et connaissent mieux que quiconque l'ensemble du vignoble. Ainsi, parce que leur expertise sur le marché s'impose incontestablement, la chambre de commerce de Bordeaux, présidée par Lodi-Martin Duffour-Dubergier, négociant et propriétaire des Châteaux Smith-Haut-Lafitte et Gironville, a demandé le 6 avril au Syndicat des courtiers de dresser « une liste de tous les crus classés de vin rouge du département, aussi exacte et complète que possible, précisant à laquelle des cinq catégories appartient chaque domaine et dans quelle localité il est situé ». Le temps presse, l'Exposition ouvre dans un mois, les chargés de mission ne peuvent pas procéder à une série de dégustations. Ils travaillent alors en utilisant les éléments dont ils disposent : d'une part le prestige des propriétés – à partir notamment des notes de Thomas Jefferson –, d'autre part la moyenne des prix de vente de leurs vins sur les dix dernières années. C'est sur ces prix, en supposant que les vins les plus chers représentent les plus appréciés, que les courtiers fondent leur classement.

Ils hiérarchisent cinq familles de châteaux. Comme ils dépendent de la chambre de commerce de Bordeaux, ils n'ont autorité que sur les vins situés sur la rive gauche de la Garonne (ceux de la rive droite dépendent de la chambre de commerce de Libourne, laquelle n'a pas été sollicitée). Les plus chers de ces vins, qui se vendent alors aux environs de trois mille francs, constituent la famille des premiers crus. Puis viennent les deuxièmes crus (de 2500 à 2700 francs), les troisièmes (de 2100 à 2400 francs), les quatrièmes (de 1800 à 2100 francs) et les cinquièmes (jusqu'à 1600 francs). Pour appréhender l'échelle de ces prix, référons-nous à celui du litre de vin rouge courant, consommé à la même époque par les classes ouvrières : il était de soixante centimes...

Publié dans l'urgence pour un événement particulier, ce premier classement officiel de 1855 continue de faire autorité. Fut-il si bien établi qu'il n'a été remis en cause que deux fois ? Car il n'y a bel et bien que deux modifications qui aient jamais été portées à cette liste faisant désormais figure de « monument ». Avant même la fin de l'Exposition universelle de 1855, Caroline de Villeneuve Durfort intégra *in extremis* le saint-graal avec son Château Cantemerle, accepté comme cinquième cru classé par les courtiers qui reconnurent un oubli. Ils le justifièrent en prétextant que, Cantemerle passant par la place de Bordeaux (c'est-à-dire les négociants) depuis un an seulement, ils n'avaient pu calculer la moyenne de son prix sur plusieurs années. On imagine que ce ne fut pas le seul château à se rappeler à leur bon souvenir. Toujours est-il que c'est le seul qu'ils ajoutèrent à leur classement, par une simple note manuscrite.

La seconde modification fut plus discutée : il s'agissait d'un changement dans la hiérarchie. Il fallut que le château concerné, Mouton-Rothschild, envoie plusieurs demandes, en 1961, 1969 et 1971, avant d'obtenir gain de cause, le 21 juin 1973, grâce à l'accord du ministre de l'Agriculture Jacques Chirac. Ce jour-là, passant enfin du statut de deuxième cru à celui de premier cru, Mouton-Rothschild rejoignit les quatre autres châteaux classés comme tels : Lafite-Rothschild (qui s'était opposé à cette demande), Margaux, Latour et Haut-Brion. Fièrement, Philippe de Rothschild changea dès lors la devise de son domaine : « Premier je suis, second je fus, Mouton ne change. »

En 1855, Bordeaux n'est pas la seule région à répertorier ses produits à la demande de l'empereur Napoléon III. Les vins fins qui font la réputation de la Bourgogne sont également catégorisés, non par un groupement professionnel, mais par le docteur Jules Lavalle. Cette année-là, ce médecin, naturaliste, membre de la Société géologique de France, établit leur premier catalogage dans son *Histoire et statistique de la vigne et des grands vins de la Côte-d'Or*. Contrairement aux courtiers bordelais qui se réfèrent aux prix des vins, le scientifique classe les vignobles par communes et par climats. Mais, comme eux, il les hiérarchise selon cinq niveaux: les têtes de cuvée, suivies des premières, deuxièmes, troisièmes et quatrièmes cuvées. Si ce classement bourguignon a servi de base aux appellations d'origine contrôlées dans les années 1930, il n'a pas survécu comme le classement bordelais de 1855 qui reste, lui, une référence.

Depuis sa création, ce qu'on appelle désormais simplement « le classement de 1855 » sans nécessité de préciser sa région viticole puisqu'elle est en est sous-entendue, n'a cessé d'inspirer d'autres classements. Le plus connu d'entre eux est celui des vins de Saint-Émilion, bâti exactement un siècle plus tard sur le rejet de cette hiérarchisation de type impérial, aux critères jugés aristocratiques et antirépublicains. Au fil du temps, les propriétés du Médoc classées en 1855 ont parfois changé de superficie, sans que cela remette en cause leur position. Et puis, il n'est jamais question de qualité dans ce classement, de plus en plus critiqué en 1955. Aussi, pour éviter les débats, les vignerons de Saint-Émilion décident-ils de créer un nouveau palmarès de crus, détrônables tous les dix ans: chaque décennie, il reviendra aux propriétaires de prouver qu'ils méritent d'y figurer. C'est le principe du mérite républicain qui fonde ce classement du XXe siècle. En réalité, les enjeux économiques sont tels que les belles idées théoriques se heurtent depuis à de nombreuses querelles, si bien qu'il n'est pas rare que les classements de Saint-Émilion finissent devant les tribunaux. Certains propriétaires critiquent le nombre de critères extérieurs au vin, notamment les exigences liées au développement de l'œnotourisme, telle la capacité d'accueil d'un parking, et préfèrent s'afficher hors-jeu dès le départ. C'est le cas des ex-premiers grands crus classés A, les Châteaux Ausone et Cheval Blanc, qui ont préféré annoncer qu'ils ne rempliraient plus de dossier de présentation au classement de Saint-Émilion. Celui que Napoléon III a provoqué dans l'urgence en 1855 n'a donc plus jamais été permis nulle part ailleurs.

Peut-être parce qu'il fut le premier classement officiel et qu'il prit de court les concernés, il est le seul à bénéficier d'une existence pacifique. Finalement, malgré ses défauts et les critiques dont il fait régulièrement l'objet, il s'est imposé imperturbablement par sa stature. Et même lorsque l'Américain Robert Parker, entre les années 1980 et 2010, a tenté, en attribuant aux vins des notes sur cent points, de le déstabiliser en faisant tomber parfois de leur piédestal des premiers crus, ou en créant de nouveaux héros venus de nulle part, le classement de 1855 reste inoxydable quand les jugements de Parker font déjà partie du passé. Il est clair que ce saint des saints de l'Ancien Régime fait absolument partie de notre patrimoine culturel, au même titre que la tour Eiffel, construite pour l'Exposition universelle de 1889 et qui aurait dû être démontée juste après celle-ci.

Cette liste sacrée a même servi au journaliste Jean-Paul Kauffmann lorsqu'il est resté l'otage de terroristes islamistes au Liban pendant trois ans, entre 1985 et 1988, à lutter contre la barbarie. L'enfer de sa captivité était l'exact opposé de ce monde bordelais civilisé obéissant à des codes. « Pour entretenir ma mémoire, je me récitais souvent le fameux classement de 1855, a-t-il raconté après sa libération. Ce sont des noms à retenir, et parfois, j'en oubliais certains, certaines propriétés, certains châteaux... Et je me disais, suis-je devenu un barbare, moi aussi ? » Tel est le pouvoir de ce classement indélébile, proche d'une œuvre littéraire, avec ce don d'ubiquité qu'aucun autre monument figé ne peut avoir.

À LA FIN DU XIXE SIÈCLE,
TOUT UN SAVOIR-FAIRE VITICOLE
ANCESTRAL EST REMIS EN CAUSE.
LA VIGNE DEVIENT UNE PLANTE
FRAGILE, INTRINSÈQUEMENT MALADE,
QU'IL FAUT SAUVER DE TOUTE URGENCE.
CELA NE DEMANDERA PAS MOINS
D'UNE TRENTAINE D'ANNÉES.

LE PHYLLOXÉRA, LA GRANDE CRISE

15 juillet 1868. Le glas sonne pour la viticulture telle qu'elle existait depuis la nuit des temps. À compter de ce jour d'été, plus rien ne sera comme avant en matière de vin, non seulement en France, mais dans le monde entier. Débute la crise la plus violente à ce jour, au point qu'elle a bien failli abattre définitivement le monde du vin.

Au cœur de ce mois de juillet, au moment où la vigne déploie au maximum son feuillage, les vignerons du sud de la France installés dans les départements du Gard, des Bouches-du-Rhône, du Var et du Vaucluse sont plus inquiets que jamais : voilà trois ans qu'un mal inconnu gagne leurs vignes et se répand sur une superficie de plus en plus importante, menaçant les rendements. Telle une sorte de galle, des cloques se développent sur les feuilles. Ils se sont adressés à la Société centrale d'agriculture de l'Hérault pour qu'elle identifie cette maladie.

Le 15 du mois, trois experts, le vigneron Gaston Bazille (également avocat et père du peintre Frédéric Bazille), l'horticulteur Félix Sahut et le botaniste Jules-Émile Planchon, arrivent dans les Alpilles sur les parcelles situées à Saint-Martin-de-Crau du domaine de Lagoy, qui existe depuis le XVIIe siècle. À l'ombre du château désormais classé monument historique, ils se rendent tous les trois, accompagnés de quelques vignerons angoissés, sur le plateau de la petite Crau dont le sol est formé de galets d'alluvions de la Durance. Ils examinent les souches mortes que leur signale le propriétaire. Mais cela ne les aide guère à comprendre le phénomène. Finalement, ils se décident à arracher un cep vivant afin d'en examiner les racines. C'est le choc : loupe en main, ils observent des milliers de petits points jaunes répandus sur toutes les radicelles. Le cep est en vie mais, dévoré peu à peu, il n'en a en réalité plus pour très longtemps. Le diagnostic tombe comme un couperet : il s'agit d'un puceron ravageur. Il ne porte pas encore de nom, mais sera baptisé quelques jours plus tard : *Phylloxera vastatrix*, issu du grec *pilos* (feuille) et *xeros* (sec), complété du mot latin pour « dévastateur ».

Rapidement, les experts rendent un rapport sans équivoque à l'Académie des sciences : « Quelque peu agréable que soit le rôle de prophète de malheur, il est de notre devoir de faire connaître la pénible impression que nous rapportons de Provence et de sonner le tocsin d'alarme. Le mal est déjà immense, il a un caractère contagieux auquel on ne peut se méprendre, et si le fléau ne disparaît pas comme il est venu, si un remède prompt et énergique n'est pas trouvé, avant dix ans la Provence n'aura plus une seule vigne. »

Dès lors, la nouvelle se répand dans tout le vignoble affecté par le puceron qui infeste les racines des ceps jusqu'à en sucer toute la sève pour les laisser mortes. En fait, dès 1863, le phénomène avait été observé pour la première fois en France. Rétrospectivement, les chercheurs ont ainsi identifié le foyer : à Pujaut, dans le Gard, sans doute à partir d'un cep de vigne rapporté des États-Unis par un vigneron.

Pendant les dix années suivantes, le désastre se propage à l'ensemble de la France viticole : Languedoc et Provence dans les années 1870 ; Charentes, Beaujolais, Loire, Champagne et Alsace dans les années 1880. En 1889, la production française de vin tombe à son plus bas volume, tandis que la surface du vignoble ne cesse de reculer jusqu'en 1897. Certains vignobles, comme celui d'Île-de-France qui était le plus important du pays, disparaissent. Le besoin de vin est comblé par l'Algérie, qui est française à cette époque, et dont le vignoble ne cesse de se développer.

Le phylloxéra met ainsi un terme à l'âge d'or du vignoble qui s'était ouvert après la Révolution française. Entre 1788 et 1829, la production viticole avait progressé de 30 à 40 millions d'hectolitres. Cet engouement s'expliquait par la vente des biens nationaux, faisant passer progressivement le vignoble des mains du clergé, qui avait toujours pris garde à la qualité de son vin – le considérant comme sacré –, à celles des vignerons, plus préoccupés par les bénéfices, poussant les rendements à leur maximum. Pendant la première moitié du XIXe siècle, la viticulture s'est industrialisée, encouragée par de nouveaux marchés et grâce à l'évolution des transports, notamment au développement du chemin de fer. Au moment où le phylloxéra apparaît, le vignoble français est même plus productif que jamais, avec un record de 85 millions d'hectolitres.

Ce n'est pas la première fois, au cours de ce siècle de course au profit, que la vigne présente une maladie : elle a vécu l'apparition de l'oïdium au début des années 1850, puis celle du mildiou, vingt ans plus tard. Si ces maladies n'ont jamais disparu, elles peuvent être rapidement endiguées par des remèdes, tels que le soufre ou la bouillie bordelaise. (C'est d'ailleurs l'une des raisons pour lesquelles le vignoble reçoit autant de produits phytosanitaires, si critiqués par les usagers.) En ce qui concerne le phylloxéra, sa résistance aux remèdes a de quoi inquiéter.

Au début des années 1880, les trois quarts du vignoble français ont disparu, non sans affecter les populations qui en vivaient : c'est le début d'un exode rural. Les vignerons qui restent dans les campagnes mettent souvent leurs forces en commun, et créent les premières caves coopératives de France.

Malgré l'union des efforts viticoles, politiques et scientifiques, il faudra pas moins d'une trentaine d'années pour trouver une solution à la crise du phylloxéra. Toutes sortes de techniques sont imaginées et tentées, comme le traitement avec des produits sulfurés extrêmement coûteux, ou la submersion des pieds de vigne afin de noyer les œufs du puceron – laquelle se montre plus ou moins efficace, selon la qualité des sols. Finalement, une idée de Jules-Émile Planchon se révèle la plus convaincante : traiter le mal par le mal, un peu comme Louis Pasteur le fera en créant le vaccin, c'est-à-dire inoculer la maladie pour la vaincre. Puisque le phylloxéra est arrivé des États-Unis, seule une plante américaine pourra lui résister, telle est la théorie du botaniste, et il voit juste. Voilà pourquoi l'ensemble des plants de vigne du monde sont désormais greffés sur des porte-greffes américains. Support du plant, le porte-greffe est planté dans le sol. Le phylloxéra a beau l'attaquer, rien n'y fait. Le porte-greffe sert de bouclier à la vigne qui peut alors se déployer sans risque de mortalité : en faisant office de filtre, le porte-greffe empêche le puceron d'atteindre le plant.

Un nouveau métier apparaît dans le monde du vin : celui de pépiniériste viticole. Logiquement, ces premiers professionnels apparaissent dans le Var, là où l'on a découvert les premiers foyers de la maladie. Aux pépiniéristes revient la mission de maîtriser la greffe pour vendre ensuite les plants greffés aux vignerons. C'est un changement colossal dans le savoir-faire viticole : pendant des milliers d'années, la vigne s'est reproduite grâce à des sélections massales opérées par les vignerons eux-mêmes. Désormais, la sélection des plants de vigne sort de leur sphère et est attribuée à ces pépiniéristes, qui deviennent *de facto* responsables de la qualité du végétal. Avant eux, il suffisait de planter dans le sol un sarment prélevé sur un cep, pour obtenir ce que l'on appelle aujourd'hui un franc de pied, c'est-à-dire un pied sans porte-greffe qui lui sert de béquille.

Car en aucun cas le phylloxéra n'a été éradiqué. Malgré les mesures imposées par les États pour contrôler les importations de ceps, le puceron est présent dans tous les sols viticoles du monde, sur tous les continents. Seul le Chili semble encore préservé, contrairement à l'Australie restée malgré tout épargnée jusqu'en 2006. Sporadiquement, toutefois, le phylloxéra reste absent des terres sablonneuses, comme la Camargue.

Plus d'un siècle et demi après le séisme de cette fameuse journée de 1868, certains vignerons prennent du recul et cherchent à retrouver le goût originel du vin. Car voici une autre conséquence de l'invasion de phylloxéra : la texture et les saveurs du vin n'ont plus jamais été les mêmes depuis. Avant d'être fixé sur le porte-greffe, le plant de vigne était en contact direct avec son sol, duquel il pouvait tirer toutes les subtilités géologiques et les oligo-éléments. En le protégeant, le porte-greffe éloigne aussi le plant de la source qui en fait son identité.

Un collectif mondial de vignerons continue d'expérimenter ici et là des vignes en franc de pied, non seulement afin de mieux délimiter les territoires envahis, mais aussi pour tenter de redécouvrir des vins fins comme autrefois. Le puceron féroce s'est imposé dans la vie quotidienne des professionnels du vin, qui n'ont trouvé pour parade que la cohabitation. Les millésimes passent, le phylloxéra reste, au point qu'il en est inhérent à la viticulture. Si la recherche n'en vient pas à bout, il est clair qu'on ne se posera même plus la question du bien-fondé du porte-greffe, quand bien même enlève-t-il des nuances à l'expression œnologique originelle.

Seule cette poignée de vignerons qui croient encore possible le retour au franc de pied, désormais constitués en association sous le parrainage du prince Albert II de Monaco, pourrait permettre de contourner le phylloxéra. Mais pas de l'anéantir. Le monde du vin attend toujours les successeurs des experts du 15 juillet 1868...

À LA FIN DU XIXE SIÈCLE,
UN SCIENTIFIQUE TRANCHE
D'UNE PHRASE UN DÉBAT VIEUX
DE DEUX CENTS ANS SUR L'IDENTITÉ
DE L'INVENTEUR DU VIN EFFERVESCENT
DE CHAMPAGNE. MAIS CETTE VÉRITÉ
ÉCLATANTE CACHE UNE HISTOIRE
QUI OSCILLE ENTRE LÉGENDE,
SCIENCE ET RIVALITÉS.

LA CRÉATION DU CHAMPAGNE

15 janvier 1877. L'agronome français Gustave Heuzé fait preuve d'autorité pour conférer à une légende une réalité historique et scientifique. Devant ses pairs de l'Institut agronomique de Paris, le futur inspecteur général de l'agriculture abat littéralement un poing sur la table pour proclamer Dom Pérignon l'inventeur des vins effervescents, à la fin du XVIIe siècle. « Quel était l'œnologue qui avait imaginé de rendre mousseux le vin blanc et le vin rosé de Champagne ? On doit cette découverte à Dom Pérignon, bénédictin de l'abbaye de Hautvillers. Ce fait ne peut être révoqué en doute. » Ce faisant, il attribue pleinement cette création à un seul homme, quand d'autres vignerons y ont évidemment contribué d'une manière ou d'une autre, plus ou moins importante. Mais lorsqu'un scientifique reconnu pose ainsi une vérité de manière incontestable, il clôt tout débat. En l'occurrence, il légitime toute une région viticole, assied son identité, dessine sa spécificité en même temps que son avenir.

Le mot « champagne » résonne avec le bruit délicat de l'effervescence, le son raffiné d'un train de bulles tantôt dorées, tantôt rosées, toujours festives, qui s'élèvent dans une flûte, une coupe ou un verre légèrement étroit, toujours à pied – à la différence d'un simple mousseux. Pourtant, pendant très longtemps, le vin de Champagne est resté tranquille. La vigne a gagné la partie septentrionale de la Gaule, où se situe la Champagne, à l'arrivée des Romains, aux IIIe et IVe siècles, à tel point qu'au Moyen Âge la production de vin y était déjà bien établie. Mais il n'était pas encore question de bulles : le vin se présentait sereinement, en rouge, en blanc ou en rosé, sans agitation. Quand les bulles ont-elles été inventées ? Par qui ? Pour quelles raisons et comment ?

En 1877, il est grand temps de donner un cadre à toute l'ébullition qui a envahi le monde du vin français, car l'enjeu est de taille. Gustave Heuzé lie officiellement l'ensemble de la Champagne à l'effervescence au moment où d'autres régions viticoles, comme Limoux dans le Sud, en revendiquent la primeur. Aujourd'hui, le doute n'a pas plus sa place et la règle est juridiquement établie : « Il n'est de champagne que de la Champagne. » Aucun vin effervescent produit ailleurs que dans cette région n'a le droit de porter la mention « champagne » ni même de mentionner qu'il est issu de la « méthode champenoise ». Aux autres régions viticoles, il reste l'usage de termes comme « crémant » ou de locutions telles que « méthode traditionnelle », n'évoquant en rien les vignobles de la Montagne de Reims, de la Vallée de la Marne, de la Côte des Bar ou de la Côte des Blancs, jaloux de leur procédé unique.

En réalité, si un jour a suffi à imposer une version officielle de l'histoire du champagne, l'effervescence s'est perfectionnée, millésime après millésime, grâce aux progrès techniques réalisés au fil de plusieurs décennies. Ce phénomène, découvert accidentellement et malgré les viticulteurs, apparaît naturellement avec le vin de Champagne. Il s'explique par le climat vigoureux de la région, qui peut interrompre sa fermentation en hiver et la relancer dès que la température remonte, aux beaux jours.

Dans un premier temps, les vignerons ont subi cette « pétillance » spontanée, considérée comme un défaut. Recherchant des vins tranquilles – la première qualité notamment d'un vin de messe ! –, ils ont d'abord cherché à éliminer le gaz. Il a fallu des années d'observations et d'essais pour stabiliser et tourner en avantage cette manifestation naturelle.

Intervient ici le rôle incontestable du moine Pierre Pérignon, contemporain du roi Louis XIV, dont il partage les années de naissance et de mort (1638-1715), ce qui ajoute un détail royal à sa légende. À l'âge de 30 ans, à partir du 23 mai 1668 exactement, il devient le cellérier, c'est-à-dire le régisseur ou l'intendant, de l'abbaye Saint-Pierre d'Hautvillers, située dans une combe adossée à une forêt et dominant la vallée de la Marne, tout près de la ville d'Épernay. L'abbaye commercialise le vin de ses terres auprès du clergé, de la haute bourgeoisie et de la noblesse. Le jeune homme, qui prend son travail à cœur, comprend que, si ce vin devient incomparable, les revenus de sa communauté seront assurés. Il agit si vite et si efficacement que ses talents de vinificateur et de goûteur font rapidement l'unanimité. Administrateur exemplaire, il conserve sa charge à l'abbaye pendant quarante-sept ans, jusqu'à sa mort.

Dom Pérignon suit les préceptes bourguignons, selon lesquels les cépages pinot noir et chardonnay sont les mieux adaptés aux sols calcaires et au climat continental de sa région, proche de la Bourgogne. À cela s'ajoutent ses talents d'assembleur, qui lui permettent d'obtenir la reconnaissance de ses contemporains – au point qu'on évoquait son « secret », quand il a simplement su sortir le vin de l'empirisme, le rapprocher de la science. Lorsque d'autres avant lui ont produit des vins à bulles, c'était par hasard, sans sa compréhension réfléchie et intelligente des phénomènes naturels. Voilà ce que lui reconnaît, un siècle et demi après sa disparition, l'agronome Gustave Heuzé.

Avant tout le monde, Dom Pérignon a saisi l'importance de contrôler la fermentation, au cours de laquelle le passage du vin tranquille au vin effervescent est un phénomène naturel si on ne l'arrête pas. S'il n'est pas à proprement parler l'inventeur de l'effervescence (personne ne peut l'être), le cellérier d'Hautvillers est le premier à l'avoir maîtrisée.

Il faut savoir que le sucre et les levures que contiennent les raisins portés à une température élevée sont des agents de fermentation qui favorisent la formation de gaz carbonique, donc de mousse et de bulles. Et si les raisins ne sont pas trop mûrs, comme en Champagne, ce phénomène naturel est accentué. C'est ce que Dom Pérignon a observé. Il a ensuite découvert qu'il existait une seconde fermentation, permettant une prise de mousse lorsque le vin est en bouteilles.

Dom Pérignon a aussi cherché à améliorer la résistance du verre afin qu'il n'explose pas, car la pression interne dans une bouteille peut devenir tellement élevée qu'elle en devient dangereuse (pour preuve, la pression d'une bouteille de champagne du XXIe siècle est plus forte que celle d'un pneu de voiture, soit supérieure à trois bars !). Au XIXe siècle encore, l'explosion des bouteilles était la hantise des vignerons, il arrivait qu'elle détruise jusqu'à la moitié d'un stock. Pendant longtemps, le vin blanc d'Avize, pourtant un des meilleurs crus de la Champagne, fut ainsi considéré comme « explosif ». Plus qu'aucun autre vinificateur, Dom Pérignon a permis d'apprivoiser ce vin pétillant pour le hisser jusqu'aux plus grandes subtilités.

Ce n'est qu'au début du XVIIIe siècle que, sous l'impulsion du moine d'Hautvillers, les Champenois se mettent à produire délibérément du vin mousseux. Si nouveau et si léger, ce produit original devient de plus en plus lucratif, notamment grâce à la cour de Versailles qui s'en fait l'ambassadrice en l'associant à toutes ses fêtes. Louis XV contribue largement à la popularité de ce vin doré et joyeux dans toute l'Europe. Sa maîtresse, la marquise de Pompadour, affirme que c'est « le seul vin qu'une femme puisse boire sans s'enlaidir ». Les femmes apprécient le champagne à tel point qu'étrangement elles ne le tiennent plus pour du vin à proprement parler, mais pour un attribut de luxe et de séduction. La coupe évasée dans laquelle on le sert aurait même été dessinée sur le modèle d'un sein de la Pompadour.

Entre les XVIIIe et XIXe siècles, les bulles de champagne supplantent ainsi progressivement tous les autres vins tranquilles de la région, et dépassent ses frontières en conquérant toutes les célébrations. Surtout préoccupé par les revenus de son abbaye, Dom Pérignon, lui, n'imaginait pas un instant que son vin pétillant allait devenir bien des années plus tard un symbole de fête partout en Europe.

Face à un tel succès commercial, du côté de la Champagne, chacun cherche à s'attribuer les mérites de la véritable « méthode champenoise ». Sans doute est-elle issue d'une recherche collective, d'échanges régionaux, mais le fait que Dom Pérignon soit scientifiquement reconnu en 1877 calme toutes les appropriations malhonnêtes.

À ce moment-là, dans une France devenue républicaine, quand Gustave Heuzé fait l'apologie de celui qu'il présente comme un pionnier de la science œnologique, son discours frappe d'autant plus les esprits qu'il évoque un homme d'Église. Tandis que la production du champagne est déjà devenue un secteur industriel dynamique avec des maisons comme Moët & Chandon, Ruinart, Veuve Clicquot ou encore Krug, qui perfectionnent sans cesse la méthode traditionnelle et exportent le champagne à travers le monde, il est temps d'apaiser les tensions entre les concurrents laïques. En se référant au moine, dont il apporte les preuves des recherches de maîtrise de l'effervescence, l'agronome établit la paix. Dom Pérignon est reconnu, à juste titre, comme celui qui a su prendre en main un vin jeune et instable.

Plus d'un siècle et demi aura été nécessaire pour définir un passé commun aux acteurs de la Champagne, afin qu'ils puissent construire un avenir plus fort. Grâce au discours de Gustave Heuzé, la région s'est approprié pleinement un phénomène pourtant naturel, l'effervescence. Un vrai tour de force !

PAS MOINS DE DIX ANS ONT ÉTÉ
NÉCESSAIRES, AU DÉBUT DU XXE SIÈCLE,
POUR RÉPERTORIER L'ENSEMBLE
DES CÉPAGES EXISTANTS.
CE TRAVAIL COLOSSAL, QUI A PERMIS
AU VIGNOBLE MONDIAL DE SE PROJETER
DANS LE FUTUR, EST UN HÉRITAGE
INESTIMABLE ENCORE AUJOURD'HUI.

LE PREMIER INVENTAIRE DES CÉPAGES

13 avril 1909. Pierre Viala pose son porte-plume. Il vient de signer la préface du dernier tome d'une longue aventure, celle de son grand *Traité général de viticulture*. Ainsi s'achève le tout premier ouvrage monumental consacré aux cépages, c'est-à-dire aux variétés des plants de la vigne. L'enjeu de sauvegarde est tel que ce ne sont pas moins de 87 auteurs – vignerons, professeurs d'agriculture, œnologues, agronomes –

d'Europe, des États-Unis et d'Amérique du Sud qui ont travaillé d'arrache-pied pendant dix ans à cette somme sans précédent et sans équivalent. Celle-ci est si unique qu'elle est appelée communément le Viala-et-Vermorel, Victor Vermorel l'ayant portée avec le directeur scientifique pendant toutes ces années. Soit sept volumes consacrés à l'ampélographie (l'étude de la vigne et des cépages), publiés entre 1901 et 1910 chez Masson & Cie, une maison d'édition qui se consacre à la médecine et aux sciences (chimie, physique, histoire naturelle et agriculture) depuis sa création en 1804. Ce travail exceptionnel est le reflet d'une pédagogie nouvelle à l'époque, désireuse d'ouvrir les savoirs au plus grand nombre.

À partir du XIXe siècle, en effet, les sciences sont considérées à l'égal des lettres et font l'objet d'un nombre croissant de publications. En 1900, Pierre Masson a hérité de la maison de son grand-père, Victor, et se charge de diffuser le traité de cette figure de la viticulture, Pierre Viala. Les sept volumes sont illustrés de pas moins de 570 lithographies dignes des dessins naturalistes d'Audubon, quasiment toutes peintes et mises en couleurs par Alexis Kreyder et Jules Troncy, et de quelque 820 gravures. Si le premier tome pose les bases de l'ampélographie générale, les suivants abordent de manière minutieuse quasiment tous les cépages recensés dans le monde, y compris les plus anecdotiques. Telle une arche de Noé emplie de spécimens, cette encyclopédie s'est imposée comme la référence internationale sur le sujet.

Pourquoi cette publication était-elle vitale à ce moment-là ? Dans les années 1900, les conséquences de la crise du phylloxéra sont encore vives : le vignoble ne commence que lentement à se reconstituer, avec plus de questions encore que de solutions.

Né en 1859 dans une famille de viticulteurs languedociens, Pierre Viala a assisté depuis les premières et tristes loges aux dégâts liés à l'insecte ravageur: l'arrachage des vignes, la désertification des villages... Il n'eut alors plus qu'une idée: consacrer sa vie à tenter de faire renaître le vignoble et une vie rurale prospère. En 1878, il est entré à l'École d'agriculture de Montpellier (devenue SupAgro plus tard), à la pointe de la recherche sur la question phylloxérique. Étudiant brillant, il n'a mis que quelques années à y atteindre la chaire de viticulture générale. En 1885, il a publié un ouvrage remarqué, *Les Maladies de la vigne*, avant de traverser l'Atlantique pour trouver la solution à l'invasion de phylloxéra: le porte-greffe américain. Pendant six mois, de juin à décembre 1887, il a sillonné les États-Unis en quête de cet outil végétal sain susceptible de permettre la régénération du vignoble européen. Il en est revenu avec une proposition qui a donné à la vigne un nouvel élan. Il fut alors nommé professeur de viticulture à l'Institut national agronomique à Paris. Devenu spécialiste d'un sujet au cœur de l'actualité agricole et économique, il a créé la *Revue de viticulture*.

En 1897, fort de plus de 120 publications scientifiques, il vient d'être nommé inspecteur général de viticulture au ministère de l'Agriculture lorsqu'il a l'idée de rassembler en un seul ouvrage les descriptifs de toutes les espèces de vignes existant dans le monde. Pour financer ce projet ambitieux forcément coûteux, Pierre Viala s'allie à son ami Victor Vermorel, artisan devenu industriel dans le Beaujolais, aussi discret que remarquable. Le futur sénateur n'a pas hésité à faire le don de près d'un million de francs de sa fortune personnelle pour la construction de ce mémorial de cépages sur papier.

Sensible au malheur des vignerons enlisés dans la crise du phylloxéra, Vermorel agit ainsi à sa manière. Fondateur d'une revue, puis du Comice agricole et viticole du Beaujolais et même du premier centre privé de recherches en France, la Station viticole de Villefranche-sur-Saône, il a à cœur de faire progresser la connaissance de la vigne, d'instruire, d'informer et d'aider concrètement les vignerons dans leur lutte contre le phylloxéra, mais aussi le mildiou. Dans l'atelier de son père qu'il a transformé en entreprise de mécanique et de métallurgie et où il fabrique des machines agricoles, il a mis au point pour eux un système révolutionnaire de pulvérisateur portatif dont le vif succès a fait sa fortune. L'*Éclair* est un appareil en cuivre à porter sur le dos grâce à des lanières en cuir, pour diffuser finement des produits insecticides sur la vigne, grâce à une lance actionnée par une pompe à bras.

Ce sont les revenus de cette invention qu'il a investis dans la création de sa Station viticole, équipée des matériels les plus modernes de l'époque, où il accueille désormais chercheurs et étudiants de toute l'Europe, pour des conférences et surtout des expérimentations en laboratoire. Sa devise est simple : « Le progrès par l'expérience. » C'est dans ce contexte d'études qu'il décide d'investir dans la fameuse ampélographie en sept volumes dirigée par Pierre Viala : 3 200 pages au total, répertoriant 5 200 cépages du monde entier.

Avant le Viala-et-Vermorel, d'autres ouvrages ont abordé le sujet, mais jamais de manière aussi complète et universelle. Au début de l'ère chrétienne, le naturaliste Pline l'Ancien (23-79 après Jésus-Christ) dressa un premier état de la viticulture dans son *Histoire naturelle* : s'il recensa alors 91 cépages dans l'empire romain, il estimait qu'il en existait environ 400. Ensuite, ce furent les monastères à travers l'Europe qui se livrèrent à l'ampélographie, plantant, échangeant et croisant des plants. Il ne reste, hélas, aucun écrit à ce sujet de la part des moines agronomes. Au XVIe siècle, Olivier de Serres évoqua les cépages dans son *Théâtre d'agriculture et mesnage des champs*, sans toutefois en faire un répertoire. Il fallut bel et bien attendre le XIXe siècle, après que le phylloxéra eut mis en danger le vignoble, pour que l'on procède au recensement de cette richesse historique. Pierre Viala se distingue en tant que premier ampélographe moderne, grâce à sa coordination de classification et de description scientifique des cépages du monde.

Bien longtemps après lui, en 2000, il y eut le *Dictionnaire encyclopédique des cépages et de leurs synonymes* de Pierre Galet (publié chez Hachette pratique, puis, en 2015, aux éditions Libre & Solidaire). Cet enseignant-chercheur de Montpellier connaissait par cœur le travail de ses prédécesseurs, et savait identifier un plant à l'œil nu, par la forme d'une feuille, le port et la physionomie d'une grappe. Il œuvrait à apporter des précisions sur les familles de cépages. Par exemple, grâce à une technique qu'il a élaborée et qui fait toujours référence, il a distingué définitivement le chardonnay du pinot blanc.

À partir des années 1990, les études génétiques menées en France, par Jean-Michel Boursiquot – ancien élève et successeur de Pierre Galet à Montpellier –, et en Californie, par l'université Davis, ont permis une avancée considérable dans la connaissance des différents plants de vigne. Aidés des nouvelles technologies, ces scientifiques ont identifié jusqu'à 6000 cépages, soit quelques centaines de plus que du temps de Pierre Viala. Les analyses ont confirmé bon nombre de relations présumées entre les cépages et en ont débusqué de nouvelles. Par exemple, on sait désormais que le cabernet-sauvignon résulte d'un croisement entre le cabernet franc et le sauvignon, que le chardonnay est le produit d'un croisement entre le pinot noir et un cépage blanc pratiquement disparu, le gouais blanc. Ces informations pourraient se révéler très utiles en cas d'un accident climatique ou sanitaire comparable à la crise du phylloxéra.

Il n'est pas facile en effet de distinguer une variété d'une autre. L'idéal est d'attendre l'été, quand le feuillage de la vigne resplendit et que les raisins commencent à s'épanouir. Il est encore moins facile d'inventorier une grande variété de cépages quand la France n'en exploite qu'environ 250 – moins que l'Italie (1000) – et que de nombreux cépages sont secondaires, voire rares. Couvrant à eux seuls des dizaines de milliers d'hectares chacun, seulement cinq cépages (pas forcément les plus connus) assurent la moitié de la production française : le merlot, le grenache, l'ugni blanc, la syrah et le cabernet-sauvignon. Il ne faut en ajouter que 10, parmi lesquels le carignan, le chardonnay, le cabernet franc, le gamay et le sauvignon, pour atteindre 75 % de la production nationale. On comprend dès lors à quel point la compilation de cépages de Viala, Vermorel et toute leur équipe, au début du XXe siècle, fut héroïque et pourquoi une décennie entière leur fut nécessaire pour la mener à bien.

Afin de préserver les ressources génétiques de ce patrimoine agricole et culturel unique, il existe aujourd'hui le Centre de ressources biologiques de la vigne sur le domaine de Vassal, près de Montpellier. Ce conservatoire abrite, sur près de 20 hectares, une collection unique de 2300 cépages.

Il n'empêche que, plus d'un siècle après la publication des sept volumes de l'*Ampélographie Viala et Morel*, leurs exemplaires sont devenus si recherchés - aussi bien pour leur précieux contenu que pour la beauté de leurs planches - qu'ils atteignent des sommes stratosphériques aux enchères. En achevant sa préface en 1909, Pierre Viala n'imaginait certainement pas ces sommets monétaires qu'atteindrait son ouvrage, mais sans nul doute il savait qu'il venait de signer un jalon historique fondamental pour le monde viticole.

DÉBUT DU XXE SIÈCLE : LES PRODUITS DE SYNTHÈSE COMMENCENT À MENACER LA FERTILITÉ DES SOLS. RUDOLF STEINER ENCHAÎNE UNE SÉRIE DE CONFÉRENCES POUR DÉCLENCHER UNE PREMIÈRE PRISE DE CONSCIENCE.

PRÉMICES DE LA BIODYNAMIE

7 juin 1924. Dans une tension palpable se tient la première de huit conférences échelonnées jusqu'au 16 juin. Pendant cette semaine de la Pentecôte, Rudolf Steiner et un peu plus d'une centaine d'agriculteurs sont réunis pour réfléchir à la situation préoccupante de l'agriculture. L'idée pour le philosophe autrichien est surtout de rappeler à son assemblée quelques principes fondamentaux d'un métier qui concerne le travail des sols.

Accueillis chaleureusement et confortablement par le comte Hermann von Keyserling, qui a passé plusieurs semaines à préparer les conditions matérielles de ces rencontres, tous se retrouvent dans son château de Koberwitz, près de Breslau, en Silésie (aujourd'hui Kobierzyce, en Pologne). Devant l'assemblée, Rudolf Steiner semble affaibli. Tous savent que, bien que sa santé décline, le fondateur et président de la jeune Société d'anthroposophie universelle ne s'est pas ménagé ces derniers temps. Et lui, sachant ses jours comptés, plutôt que de s'aliter, n'a pas hésité à enchaîner les conférences, jusqu'à trois par jour parfois, pour poser dans l'urgence les bases d'une prise de conscience qu'il juge indispensable. Pour répondre à l'invitation du comte, Steiner a traversé toute l'Allemagne en voiture depuis la Suisse, contre l'avis de ses médecins. Mais il considère son message si nécessaire qu'il n'en a fait qu'à sa tête et n'hésite pas à parcourir de kilomètres pour le divulguer.

Ce matin du 7 juin 1924, le conférencier commence son discours en remerciant le comte d'avoir fait en sorte d'accueillir autant de personnes dans un lieu si remarquable. Il ne s'agit pas de simple politesse : Steiner introduit le cycle des conférences par l'idée que la gratitude est une attitude d'autant plus essentielle que le sujet des prochains jours sera la terre, mère nourricière de toute vie. Tel est le début intrigant de ce discours qui sera retranscrit plus tard dans un recueil, *Le Cours aux agriculteurs*, rassemblant les huit conférences données pendant ce séjour. Y sont compilées aussi les notes prises par les membres du public, tous anthroposophes, qui souhaitaient ne rien perdre de ce qu'ils étaient en train d'écouter. Publié depuis en plusieurs dizaines de langues, ce recueil est devenu si majeur qu'il est considéré comme le texte fondateur de l'agriculture biodynamique et, par ricochet, comme les prémices de l'agriculture biologique.

Au moment où Rudolf Steiner partage ses inquiétudes devant ce parterre, il ne sait évidemment rien des conséquences précises qu'auront ses paroles. Pour lui, l'urgence (précoce, il faut bien le relever) est d'alerter sur les dangers de l'orientation chimique prise par un nombre croissant de ses contemporains, et de jeter les bases d'une agriculture qui prendrait soin de la terre.

En effet, afin de pallier le manque de main-d'œuvre dans les campagnes après la Première Guerre mondiale, des solutions ont été rapidement trouvées pour lutter aussi bien contre les mauvaises herbes que contre les insectes indésirables. Dans le souci de protéger les récoltes, les premiers pesticides dérivés des gaz de combat ont été répandus massivement sur les sols. Très vite, quelques-uns s'inquiètent des dangers d'une agriculture intensive : certes, cette culture désignée plus tard comme conventionnelle assure la quantité des récoltes, mais elle compromet, selon eux, la qualité nutritive des aliments et surtout la fertilité des terres. Les discours de Steiner concernent alors avant tout les cultures annuelles. Ce n'est que bien plus tard, dans les années 1960-1970, que la viticulture, alertée à son tour par le début d'une désertification de ses sols trop arrosés de produits chimiques, s'emparera des préceptes anthroposophiques de Steiner.

En attendant, pendant ces quelques jours du mois de juin 1924, le philosophe expose les principes de sa doctrine créée en 1912, appliqués à l'agriculture, comme il l'a fait pour d'autres domaines, tels que l'éducation ou la médecine. Cette doctrine résulte d'un mélange, plus empirique que rationnel, d'observations personnelles issues de ses lectures de Goethe, d'expériences de terrain et d'ésotérisme. Sa vision de l'agriculture est si étrange que, même si elle est spontanément acceptée par son parterre d'anthroposophes, elle n'a jamais été si évidente par la suite. Lui-même le pressent pendant ces journées fondatrices et prévient ses interlocuteurs à ce sujet.

Malgré cela, dans le monde viticole ses préceptes appliqués, qui prendront le nom de biodynamie, se répandront peu à peu, d'abord d'initiés en initiés, avant de gagner en notoriété, dans les années 1990 et 2000 seulement, grâce à des vignerons reconnus, travaillant des appellations prestigieuses aussi bien en Allemagne qu'en France, puis dans toute l'Europe.

Un siècle après ses cours aux agriculteurs, Steiner connaît encore des détracteurs, que l'on peut comprendre. Le public présent pendant les jours de la Pentecôte 1924 est lui-même surpris. Alors qu'il s'attendait à recevoir une leçon d'agronomie appliquée, il découvre une vision quasi moyenâgeuse du fonctionnement de la nature et de la terre, mis en perspective avec l'ensemble du cosmos duquel l'homme n'est pas le centre, mais avec lequel il se trouve en résonance. Bien qu'ils soient déjà acquis aux idées de l'anthroposophie, les agriculteurs écoutent Rudolf Steiner sans comprendre tous les tenants et les aboutissants, si bien qu'ils prennent des notes, beaucoup de notes. Plus terre à terre, leur préoccupation est de trouver des solutions afin d'assurer une productivité sans compromettre la vie de leurs sols. Ils ne sont pas disposés à entendre parler du ciel et des étoiles. Grâce à leurs notes, ils pourront néanmoins tenter les expériences étranges qui leur sont conseillées pour la première fois, comme l'utilisation de la silice en fonction de l'influence du Soleil et de la Lune.

Selon Steiner en effet, les constellations du zodiaque ont des conséquences sur la vie des plantes en passant par des substances déterminées, comme les protéines porteuses d'entités spirituelles particulières. Avec de tels propos semblant émaner d'un grimoire de sorcellerie plus que d'un manuel d'agronomie, le conférencier perd une partie de son auditoire. C'est sans compter pourtant sur sa détermination et sa foi d'anthroposophe ; de conférence en conférence, pendant toute la semaine, il instille ses idées sans se décourager afin qu'elles poursuivent leur chemin bien après son départ.

L'objectif de Steiner est d'encourager les agriculteurs à expérimenter eux-mêmes des connaissances ancestrales plutôt que de leur présenter des recettes toutes faites, *a priori* rationnelles et rassurantes. Il profère davantage des conseils pour éveiller que pour inculquer, et propose des exercices afin de faire prendre conscience du fonctionnement des plantes et des animaux. Les solutions toutes prêtes ne forment absolument pas sa méthode de transmission. Il tente d'éclairer sur le rôle des astres dans la croissance des éléments terrestres – mais en donnant plus d'exemples empiriques que d'explications rationnelles, raison pour laquelle il est souvent critiqué. Cependant, ceux qui bientôt expérimentent ses préceptes se rendent compte que, même sans les comprendre, ils obtiennent un résultat qualitatif indéniable.

La plupart des plus grands vins du monde sont désormais issus de la viticulture biodynamique. Celle-ci est si exigeante, à plus d'un titre, qu'elle ne peut être suivie par la grande majorité. Toujours est-il que, désormais, elle est pratiquée dans le monde entier et reconnue officiellement. Elle a même ses propres labels qui la certifient.

En se distinguant des autres méthodes d'agriculture, la biodynamie a aussi souligné l'existence de celles-ci. D'abord, parallèlement à elle, la viticulture biologique s'est développée, rejetant comme elle les produits de synthèse pour ne retenir que ceux qui contiennent des matières premières d'origine naturelle, afin de favoriser le fonctionnement de l'écosystème. Mais si l'agriculture biologique, encadrée également par un cahier des charges légal, prend en compte la vie des sols, elle ignore le calendrier lunaire et les préparations inhérentes à la biodynamie (tisanes de prêle, d'ortie, de bouse et de corne de vache, de quartz ou de silice, par exemple). Et puis, reste la grande majorité de la viticulture, dite raisonnée, par opposition à la bio. « Au-delà des impératifs de la sécurité alimentaire des produits agricoles, qui s'imposent à toutes les productions, les modes de production raisonnée peuvent faciliter la maîtrise des risques sanitaires et contribuer à l'amélioration du bien-être animal », indique le décret de la qualification des exploitations pratiquant cette agriculture, publié en 2002. Ce texte leur laisse une grande marge de manœuvre sur l'utilisation des produits phytosanitaires nécessaires à la garantie de leur production.

En rassemblant un certain nombre d'agriculteurs en 1924, Rudolf Steiner fait preuve d'optimisme tout en sachant que ses cours ne convaincront pas la grande majorité. En semant quelques graines de réflexion, il estime toutefois, semble-t-il, avoir accompli sa mission : en 1925, quelques mois après les conférences de Koberwitz, il tire définitivement sa révérence.

Régulièrement, sa pensée jugée pseudo-scientifique et ésotérique fait l'objet d'attaques. Il n'en demeure pas moins que c'est pendant cette semaine de printemps il y a un siècle que la biodynamie fut créée, qu'elle est pratiquée depuis par des agriculteurs et des viticulteurs, dont les produits sont officiellement certifiés, et qui ne sont en rien des producteurs sectaires. Ce qui compte, c'est la vibration des vins issus de la biodynamie, qui touche tous les dégustateurs, du monde entier, même à l'aveugle.

APRÈS LE DRAME DU PHYLLOXÉRA,
LA VITICULTURE S'ENLISE DANS
DIVERSES FRAUDES PENDANT PLUSIEURS
DÉCENNIES. JUSQU'À L'APPARITION
D'UNE PARADE EXEMPLAIRE :
LE COMITÉ NATIONAL
DES APPELLATIONS D'ORIGINE.

LES APPELLATIONS FRANÇAISES

30 juillet 1935. Après de longues années de débats, voici enfin le bout du tunnel. La loi valide la création du Comité national des appellations d'origine des vins et des eaux-de-vie (Cnao), donnant un nouvel espoir à un monde viticole essoufflé. Depuis que le phylloxéra a anéanti le vignoble à la fin du XIXe siècle, la crise persiste. Entre luttes et innovations techniques, les réponses ne sont jusqu'alors qu'une série d'échecs.

Lorsque la production viticole a enfin redémarré au début du XXe siècle, elle s'est trouvée souvent mêlée à des importations massives, notamment en provenance d'Algérie, ce qui a entraîné surproduction et fraudes. Conscients qu'il en allait de l'avenir d'une des principales richesses nationales, certains producteurs se sont battus pour redorer le blason de leur patrimoine, d'un point de vue aussi bien économique – avec un enjeu considérable sur les prix de vente – que qualitatif.

Quand, enfin, au cœur de l'été 1935, le Cnao est instauré, c'est une victoire. Ce comité permet de fusionner, pour la première fois, les aspects administratifs, judiciaires et professionnels de la viticulture. Sa mission consiste à gérer la reconnaissance et la défense des appellations dans un esprit corporatiste, où public et privé s'imbriquent : il dépend de l'État, mais est administré par la filière (négoce, vignerons, coopératives), et chaque syndicat d'appellation est financé par les cotisations des producteurs. L'ensemble est fondé sur le concept de l'« appellation d'origine », soit « une zone géographique particulière où une production tire son originalité directement des spécificités de son aire de production. Un espace délimité dans lequel une communauté humaine construit au cours de son histoire un savoir-faire collectif de production. Le terroir est fondé sur un système d'interactions entre un milieu physique et biologique, et un ensemble de facteurs humains. » Là se trouvent l'originalité et la typicité du produit.

Quelques mois auparavant, le 12 mars 1935, le parlementaire Joseph Capus avait déposé sur le bureau du Sénat cette proposition de loi en faveur de la protection des crus, élaborée avec la complicité de Pierre Le Roy de Boiseaumarié – que tout le monde appelle Baron Le Roy, tant son autorité en impose. Voilà des années que les deux hommes se connaissent et font cause commune. Avant de lever glorieusement leur verre à leur réussite, le 30 juillet, ils ont mené une véritable bataille.

Pour parvenir à cette législation, ils ont d'abord dû inventer ce concept d'appellation d'origine, qui n'était alors pas une évidence. Il n'a pas fallu moins de trente ans pour que l'idée émerge, évolue au fil de discours et de rapports, et aboutisse à cette base solide.

En 1905, un premier texte a fondé la répression des fraudes, créant les premières appellations administratives. Dans les villages viticoles français, les professionnels ont collectivement commencé à définir les zones géographiques de production. Cette étape a permis de limiter, mais pas d'endiguer la crise majeure des fraudes, notamment en Champagne, à Cognac et à Bordeaux.

En 1919, la loi du 6 mai a octroyé aux professionnels le pouvoir d'établir un droit collectif de propriété, donc aux syndicats de défense celui d'agir de manière judiciaire si nécessaire. La reconnaissance de l'origine du vin s'est ainsi imposée, mais la qualité n'était encore pas un sujet.

Seize années plus tard, sur le perron de son Château Fortia, à Châteauneuf-du-Pape, le Baron Le Roy jubile. Il a 45 ans, et est tout à fait conscient d'avoir contribué à imprimer un tournant décisif à la valorisation du vin français. Les vignerons ne se sont pas trompés en faisant confiance à ce héros de la Première Guerre mondiale, pilote de chasse revenu couvert de médailles, qui en 1919 a épousé Edmée Bernard Le Saint, héritière du Château Fortia, rencontrée pendant ses études de droit à Montpellier. C'est cette formation de juriste – même s'il a rapidement renoncé au barreau à son retour du front – qui lui a valu de devenir le porte-parole de la viticulture française, sa force de conviction étant largement soutenue par la passion de la vigne et son charisme naturel.

Jeune ingénieur agronome à l'époque, Pierre Charnay a travaillé avec le Baron au Syndicat général des vignerons des Côtes-du-rhône. Bien plus tard, il a salué un homme autoritaire qui le malmenait parfois (mais il ne se laissait pas faire !), en rappelant que, lorsque Le Roy « est arrivé dans le Vaucluse, les viticulteurs de Châteauneuf-du-Pape avaient de graves problèmes : le phylloxéra, la chute de qualité, la tromperie sur la marchandise... certains d'entre eux faisaient venir du raisin du Gard ». Le Baron s'est évertué à mettre de l'ordre dans cette pagaille, entourée de beaucoup de misère, en exigeant discipline et solidarité pour, selon ses mots, faire « moins de vin, mais meilleur ».

Aidé de son ami Joseph Capus, sur le point de devenir ministre de l'Agriculture, Pierre Le Roy a en effet contribué à la création du Syndicat des vignerons de Châteauneuf-du-Pape, en 1923 – laquelle a ouvert la voie à une première reconnaissance juridique de l'appellation, en 1933. Aussi les vignerons des Côtes-du-Rhône lui ont-ils demandé son aide, en 1929, pour la création de leur propre syndicat de défense de leur terroir. En 1932, quand il a pris la fonction de secrétaire général de la Section des grands crus au sein de la Fédération des associations viticoles de France, il a reçu de nouveau le soutien de Joseph Capus, désormais sénateur de la Gironde.

L'homme politique, diplômé de l'École d'agriculture de Grignon, se dévoue depuis longtemps à la cause viticole, à la recherche notamment de solutions post-phylloxériques. Il est à l'origine d'une méthode de greffe dite « greffe Cadillac », ainsi que de la première station météorologique, destinée à anticiper certains des aléas menaçant les cultures.

Ainsi, naturellement, ce 30 juillet 1935, jour de fête à la gloire des crus français, Joseph Capus est nommé le premier président du Comité national des appellations d'origine des vins et des eaux-de-vie – car tel en est bel et bien son intitulé entier. L'ancien ministre occupera ce poste jusqu'à sa mort, en 1947. Pierre Le Roy de Boiseaumarié le remplacera pendant vingt ans, lui aussi jusqu'à la fin de sa vie.

Ces deux hommes sont les deux piliers du système d'appellations du vignoble national. Ensemble, ils ont eu la vision à long terme des conditions qualitatives de la production viticole de leur pays. Ensemble, ils en ont compris les enjeux certes financiers, mais également politiques et diplomatiques. Ensemble, ils sont parvenus à créer un établissement doté d'un pouvoir de proposition auprès du ministère de l'Agriculture, ainsi que de reconnaissance et de régularisation de ces nouvelles appellations d'origine contrôlée. À partir du décret-loi de 1935, la protection d'un nom de vin est assurée, comme ses particularités et son lien à un terroir spécifique.

Pourtant, les deux créateurs savent très bien que, si ce texte marque la fin d'un combat, il est aussi le début d'une toute nouvelle histoire. Pas question de se reposer sur leurs lauriers. Très rapidement, ils se remettent au travail : l'étape suivante consiste à déposer les dossiers des premières appellations. Logiquement, le dossier des vignerons de Châteauneuf-du-Pape est le premier, bien ficelé – le Baron Le Roy y a veillé en personne. Ainsi, cette appellation figure en tête de liste et est reconnue officiellement le 15 mai 1936, accompagnée des appellations Arbois, Cassis, Cognac, Monbazillac et Tavel. Désormais, l'AOC (Appellation d'origine contrôlée) est un label qui garantit au consommateur des étapes d'élaboration, aussi bien dans le mode de viticulture que de vinification, réalisées dans une même zone géographique et selon un savoir-faire reconnu. C'est bien la combinaison d'un milieu physique et biologique travaillé par une communauté humaine traditionnelle qui fonde la spécificité d'un vin d'appellation d'origine contrôlée ; tout cela est défini dans un cahier des charges élaboré par les professionnels eux-mêmes.

Dans les villages, il n'est pas toujours simple de s'accorder sur ce nouveau bien commun. Surtout lorsque certains vignerons pensent que la production de leurs voisins les tire vers le bas ! Néanmoins, Joseph Capus puis le Baron Le Roy maintiennent le cap jusqu'en 1967.

Vingt ans auparavant, le 16 juillet 1947, le Cnao a changé d'intitulé pour s'appeler désormais l'Institut national des appellations d'origine (Inao). Puis, à partir de 1953, cet organisme est devenu également celui des produits fromagers, avant d'accueillir tous les produits pouvant revendiquer une AOC : fruits, légumes, viandes, etc. Les problématiques économiques et qualitatives du vin ont donc servi de modèle à la reconnaissance des origines et des savoir-faire de bien d'autres produits agricoles, transformés ou non.

Dans le reste du monde, la quête de la qualité menée par le Baron Le Roy est devenue l'exemple à suivre. Le système des appellations à la française, si élaboré et si détaillé, s'est inscrit en pionnier dans l'univers de la recherche et de la protection de vins de qualité. Il s'est imposé comme référence, bien que tardivement, à l'Italie – qui s'est dotée d'une hiérarchie d'origines en 1963 – ou à la Californie à partir de 1983, pour ne citer que ces exemples. C'est seulement en 2012 que l'Union européenne a harmonisé le système des appellations pour tous les pays membres.

Lors de cet été de 1935, Joseph Capus et son ami Pierre Le Roy connaissaient l'importance de leur création, mais pouvaient-ils imaginer ses conséquences internationales ? Avec l'AOC, ils ont posé la première pierre d'un patrimoine collectif, à mille lieues d'une marque privée, qui semble avoir encore de beaux jours devant elle.

ET SI LE VIN N'ÉTAIT PLUS SEULEMENT
À BOIRE, MAIS AUSSI UN PRÉTEXTE
POUR VOIR SES PAYSAGES ? DERRIÈRE
LES FAÇADES À COLOMBAGES DU CŒUR
DE L'ALSACE, L'ŒNOTOURISME
VOIT LE JOUR EN FANFARE.

SUR LA ROUTE DES VINS

30 mai 1953. La pluie est hélas au rendez-vous pour l'inauguration officielle de la première route touristique des vins en France. Elle parcourt 170 kilomètres et traverse 119 communes viticoles d'Alsace, dans lesquelles vivent 720 vignerons. Peu importe la météo, les cortèges de chars fleuris s'élancent, au son des musiques folkloriques de cette région aux sept cépages et aux 51 grands crus, berceau du vin blanc. Un convoi part du sud, de Thann, dans le Haut-Rhin, en même temps qu'un autre part du nord, de Marlenheim, dans le Bas-Rhin. Parallèlement, un rallye automobile est organisé. Dégustations de vins et visites de domaines rythment ce cheminement convivial, le long d'un chapelet de villages pittoresques aux maisons à colombages généreusement fleuries de géraniums : Mittelbergheim, Eguisheim, Hunawihr, ou encore Obernai. Enfin, tous se retrouvent au milieu du parcours, à Ribeauvillé.

Cette fête est celle de plusieurs victoires : elle marque certes la reconnaissance de cette route viticole, mais aussi l'achèvement de la longue reconstruction de la région, qui a particulièrement souffert d'une succession de conflits. Les deux présidents des conseils généraux du Bas-Rhin et du Haut-Rhin, Pierre Pflimlin et Georges Bourgeois, accompagnés d'élus locaux, sont présents pour officialiser cette route symbolique qui lance la promotion des vins d'Alsace et de leur paysage vallonné, tout en ouvrant, dans un esprit très précurseur, l'ère de l'œnotourisme. Afin d'asseoir la nouvelle vocation touristique de cet itinéraire, des panneaux explicites sont implantés. La Route des Vins d'Alsace devient un modèle pour toutes celles qui lui succèdent, aussi bien en France qu'à l'étranger.

Il y a bien deux routes du vin qui l'ont précédée, mais aucune n'a encore sa dimension. Créée en Allemagne en 1935 par le pouvoir national-socialiste, la première part de Schweigen-Rechtenbach, à la frontière française, et s'étend sur 85 kilomètres à travers la Rhénanie-Palatinat, proposant des arrêts dans les propriétés qui la longent – l'objectif étant de les sortir de la crise de surproduction dans laquelle elles sont plongées. Quant à la deuxième route des vins de l'histoire, créée deux ans plus tard, en 1937, elle est française et donne à découvrir les grands crus de la région bourguignonne.

Dans le contexte de la création des appellations d'origine et selon une stratégie des négociants visant à renforcer l'identité de la production régionale, cette route touristique dédiée à la vigne et au vin qui traverse la Côte-d'Or, de Dijon à Santenay, s'est imposée comme la toute première en France. Depuis quelques années déjà, les Bourguignons intensifient leurs efforts pour réinventer l'univers de leur production : après la Paulée de Meursault en 1924, ils ont créé, dix ans plus tard, en 1934, la Confrérie des Chevaliers du Tastevin. L'idée de lier la dimension culturelle à un usage commercial grâce aux sites naturels, à la vigne, au vin et à la gastronomie commence à faire son chemin : le paysage se dote de panneaux incitant les visiteurs à s'arrêter devant les vignes de grands crus.

En 1953, l'Alsace peut s'inspirer de l'exemple bourguignon tout en allant plus loin dans la démarche touristique. Encouragée par le général de Gaulle qui a souhaité la reconnaissance de ses vins parmi les grandes appellations françaises, notamment par l'ordonnance du 2 novembre 1945, la Région travaille d'arrache-pied pour leur faire honneur. Depuis la guerre, vivement critiquée pour son passé collaborationniste, elle ne ménage pas ses efforts pour prouver qu'elle est à la hauteur du reste de la production viticole française. Et elle y parvient, malgré le procès de Bordeaux qui l'éclabousse en cette année 1953 : parmi les accusés du massacre d'Oradour-sur-Glane du 10 juin 1944 que l'on juge se trouvent des malgré-nous, des Alsaciens qui avaient été incorporés de force dans des divisions SS.

Récompensé par le prix Nobel de la paix, en 1952, le docteur Albert Schweitzer a commencé à redorer le blason de sa région quelques mois avant la célébration de cette si symbolique route des vins. Né dans le village viticole de Kaysersberg, ce médecin, pasteur, musicologue, écrivain et philosophe a transmis, grâce à sa récompense d'Oslo, un souffle d'espoir à toute l'Alsace qui s'enlisait dans une image d'éternelle victime. Il l'encourage à retourner enfin la situation. Lui-même évoque à propos de ses origines, à la croisée des cultures française et allemande, un « héritage fatal » autant qu'« un beau privilège ». Il parle l'allemand, l'alsacien et le français. N'oublions donc jamais de remettre les événements dans leur contexte souvent complexe : si la France ne découvre que dans les années 1950 que le docteur Albert Schweitzer, reconnu internationalement, est français, on peut imaginer ce qu'il en est du reste de ses concitoyens. L'enjeu d'une route des vins alsacienne revêt donc bien plus que ce que l'on voit le jour de son inauguration. Ce sont aussi son ouverture aux autres et sa définition en tant que région viticole française qui sont en jeu.

Entre nécessité économique et défi politique, l'œnotourisme s'impose ainsi peu à peu dans la vie des vignobles, d'abord par le biais de ces routes des vins, puis par des infrastructures de plus en plus spécifiques, de l'organisation de dégustations sur mesure au développement de l'hôtellerie dans les villages viticoles. Pour accompagner ce tourisme rural, des vélo-routes du vignoble sont par la suite créées, ainsi que des labels touristiques, comme celui de Vignobles & Découvertes, en 2009.

En 2022, ce label a été accordé à 71 destinations. Dégustations, initiation à l'œnologie, visites de caves, de chais et de vignobles, rencontres avec des propriétaires et des maîtres de chai, expériences gastronomiques et même activités sportives forment autant de propositions œnotouristiques. Par ce biais, la viticulture s'éloigne progressivement de la culture quotidienne pour se transformer en exception, voire en curiosité culturelle.

Éloigné de l'intention première des routes des vins, cet œnotourisme a pris ces différentes formes d'abord aux États-Unis, en Californie, notamment sous l'impulsion de l'empire viticole de la famille Mondavi, dans les années 1970 et 1980, puis en Oregon, mais aussi en Australie, comme dans la plupart des nouveaux pays producteurs de vin, comme l'Argentine et le Chili. En même temps que se sont créés les vignobles sont apparus des restaurants et des chambres d'hôtes sur les domaines. En conséquence, le métier du vigneron se complexifie en se diversifiant : à présent, il doit non seulement produire du vin et le vendre, mais aussi l'accompagner à table, devenir un hôte, transmettre l'histoire locale, etc. Désormais, il existe même des concours qui récompensent les meilleurs sites œnotouristiques ; la compétition ne concerne plus uniquement la qualité du vin, mais bien tout ce qui l'entoure.

Encouragé par le changement climatique et les difficultés économiques liées à la déconsommation mondiale de vin, l'œnotourisme s'impose comme la voie qui peut sauver le secteur. Les vignobles européens dans leur ensemble fondent leurs espoirs sur cette activité de plus en plus lucrative. La Route des Vins d'Alsace attire 1,5 million de visiteurs par an, ce qui représente plus de 10% de ce tourisme français, autant que le vignoble bourguignon. Parmi ces touristes, 58% sont français quand les autres sont belges, anglais, allemands et néerlandais.

La France s'est imposée comme la première destination œnotouristique et cherche à le rester, malgré la concurrence internationale féroce. Elle se fait fort, donc, de faire enregistrer auprès de l'Unesco ses spécificités. Le village de Saint-Émilion, dans le Bordelais, fut ainsi l'un des tout premiers inscrits au patrimoine mondial de l'humanité, en 1999, au titre de « paysage culturel ». En 2015, ce fut au tour des climats de Bourgogne, ces lieux-dits qui forment la particularité de son vignoble, en même temps que le paysage et les caves de Champagne. C'est désormais à qui va prouver son identité, son ancienneté, sa différence, son originalité pour s'attirer la curiosité des visiteurs, un peu comme au Moyen Âge les abbayes cherchaient à attirer les pèlerins grâce à des reliques de saints qu'elles étaient chacune seule à posséder.

L'enjeu de l'œnotourisme est devenu si considérable qu'il entre en ligne de compte dans certains cahiers des charges d'appellation, qui ne concernaient autrefois que les méthodes de viticulture et de vinification, c'est-à-dire les types de cépages, de taille, de temps d'élevage, etc. À présent, il est aussi question de la qualité de l'accueil au domaine, de la taille du parking pour permettre aux clients de stationner, de l'existence ou non d'une salle de dégustation, pour ne citer que quelques critères. Nous en avons pour preuve le classement des vins de Saint-Émilion, remis en cause tous les dix ans, et qui considère tous ces nouveaux critères pour noter non plus les vins mais les domaines. Certains vignerons ne s'y retrouvent plus et préfèrent s'extraire de ces paramètres qu'ils tiennent pour trop éloignés de leur premier métier : élaborer des vins de lieux qui ne ressemblent à aucun autre. Ils jugent cette activité suffisante en soi pour rendre leur production désirable, sans qu'il y ait besoin de l'agrémenter de marketing.

Il revient donc au consommateur de participer à sa manière au monde du vin qu'il souhaite pour son avenir. À lui de bâtir, en résonance avec le producteur, le genre de vin qu'il désire. Car, à la fin, c'est le jugement économique qui atteste la vérité d'un vin.

Pionnière, l'Alsace se réinvente sans cesse et mise aujourd'hui sur une nouvelle couleur, le vin orange, qu'elle produit à merveille à partir notamment de son cépage blanc gewurztraminer qui se prête bien à la macération longue. Elle en fait une nouvelle pépite pour continuer d'être attrayante auprès de consommateurs tellement en quête de sens et de racines qu'ils sont de plus en plus sollicités sur ce terrain de l'œnotourisme.

LA FORME D'UN VERRE POUVAIT-ELLE RÉVÉLER TOUTE LA COMPLEXITÉ D'UN VIN ? TELLE FUT LA DÉCOUVERTE DE LA FAMILLE RIEDEL, QUI A BOULEVERSÉ L'ART DE LA DÉGUSTATION. LE SIMPLE CONTENANT S'EST ALORS FAIT OBJET TECHNIQUE INDISPENSABLE.

L'ART DE LA DÉGUSTATION

17 avril 1958. Claus Josef Riedel a fait le voyage depuis Kufstein pour installer son stand dans le pavillon autrichien de l'Exposition universelle qui s'ouvre à Bruxelles, et se prolongera jusqu'au 19 octobre. C'est la première fois que le verrier montre son travail de recherche. Or ses réalisations résonnent particulièrement avec le pavillon conçu par l'architecte avant-gardiste Karl Schwanzer.

Claus a dessiné des verres selon une ligne très Bauhaus, simple et pure, sans décoration ou couleur inutile : dans cette logique, c'est la forme qui suit la fonction. Il a su harmoniser le bol, la tige et le pied du cristal finement soufflé. À 33 ans, cet ingénieur en chimie formé à l'université d'Innsbruck, dans le Tyrol, peut être fier du résultat de sa réflexion approfondie, menée avec des dégustateurs de vin professionnels : sa collection baptisée *Sommeliers* est absolument novatrice. C'est la première fois au monde qu'un verre est conçu en fonction des caractéristiques du vin qu'il doit accueillir.

Ce représentant de la neuvième génération de Riedel en tant que verrier vient de changer la vision de la verrerie œnologique à jamais, tant sa proposition est révolutionnaire. Pendant ces mois de l'Exposition universelle en Belgique, Claus justifie le bien-fondé de son travail et sa découverte : le vin dégusté présente plus de profondeur et d'équilibre quand son verre a une forme adaptée. Preuve est faite, la forme de la coupe influe sur la perception du breuvage.

Pour commencer, il a mis au point différents verres adaptés aux caractéristiques de chaque cépage. En cela, il est bien loin de l'art de la table contemporain, qui se fait fort de verres colorés, aux parois parfois gravées, souvent trop petits et très évasés, au point qu'il est impossible de sentir les arômes du vin. Ces verres sont certes jolis, mais non satisfaisants pour des amateurs de vin. À partir de ses constats et de ses essais, Claus a donc élaboré une ligne de verres unique qu'il a appelée *Bourgogne Grand Cru*. Expérience à l'appui, il prouve que son verre à pinot noir permet d'en révéler les subtilités, contrairement à un verre à vin classique. Il propose le test également avec du nebbiolo. Son travail est alors reconnu comme si innovant et convaincant qu'il repart en Autriche avec une médaille d'or, ainsi qu'une commande du Musée d'art moderne de New York pour y exposer sa collection de verres de manière permanente.

Forte de ce succès très encourageant, la cristallerie lance en 1961 sa première ligne de verres créés pour des vins différents. La collection ne cesse ensuite de s'affiner et de s'enrichir grâce au travail que poursuit Claus Riedel. Favorisant toujours la fonction au détriment de la décoration, il passe des années à étudier la façon dont la forme des verres influe sur le goût, présentant perpétuellement des innovations récompensées internationalement et portant à des sommets l'histoire que les Riedel ont commencée au XVIIIe siècle comme marchands de verre itinérants.

Progressivement, les professionnels adoptent ces nouveaux outils de dégustation et ne peuvent plus s'en passer. Dans les années 1970, le public amateur découvre à son tour ces verres d'apparence épurée mais qui révèlent les particularités des différents crus. Ce qui pouvait apparaître comme un détail devient une évidence : un cru de Bourgogne servi dans un verre inadapté peut rester muet, tandis que, dans une forme étudiée pour lui, il est totalement révélé dans ses subtilités et ses nuances.

Les connaisseurs du monde entier se sont laissés happés par cette quête du graal et ont délaissé les verres à la mode, trop petits, trop colorés, trop pensés pour la décoration de la table et non pour le breuvage qu'ils sont censés contenir. Grâce à Claus Riedel, un verre n'est définitivement plus un simple contenant, mais un révélateur de nuances. Et ce sont bien ces dernières qui font la différence entre un vin lambda, un premier cru et un grand cru. Pourquoi dépenser plus pour un vin si c'est pour ne pas, ensuite, avoir l'outil adapté qui permet de l'apprécier à sa juste valeur ? Ce serait comme écouter la *Messe en si mineur* de Jean-Sébastien Bach avec de mauvaises enceintes.

En 1994, Georg Josef Riedel a repris les rênes de la maison, afin de poursuivre les recherches de son père, Claus. Le moment venu, il transmettra l'entreprise à Maximilian qui a déjà hérité de la passion pour le verre en même temps que de celle du vin. Car si cette famille ne s'était pas intéressée à l'expression des terroirs de manière aussi pointue, sans doute n'aurait-elle pas eu cette exigence dans sa fabrication.

Grâce à des perfectionnements technologiques, les Riedel parviennent à vulgariser dans un matériau moins coûteux les verres de Claus, fabriqués à l'époque en cristal et à la main. Année après année, les formes se sont multipliées en fonction des vins étudiés. Autrefois, on posait sur la table les verres à champagne, à blanc, à rouge, et à digestif. Désormais, il existe les verres à chardonnay, à sauvignon, à chenin, à pinot noir, à cabernet-sauvignon et à tant d'autres cépages, ainsi que des verres destinés à déguster des grands crus de Bourgogne, des verres pour les vins vieux, ou au contraire pour des vins jeunes, etc. Si le vin est jeune, il a besoin d'être plus oxygéné, plus aéré par un verre ample. En revanche, un vin vieux sera plus sensible et plus délicat, et un verre plus étroit avec une courbe moins prononcée lui convient mieux.

À chaque fois, il s'agit de trouver la forme la plus adaptée. Un verre trop large pour un vin raffiné peut lui ôter des nuances caractéristiques.

Les maîtres de chai, qui élaborent avec précision leurs crus tout au long de l'année, et qui en connaissent tous les contours, ont également adopté le verre à leurs yeux le plus adapté, ce qui n'était pas le cas avant la prise de conscience qu'a suscitée Claus Riedel. L'un des tout premiers vignerons à s'en convaincre était aussi un scientifique: Jules Chauvet, depuis son vignoble du Beaujolais, où il était négociant à La Chapelle-de-Guinchay, a prouvé lui aussi, à la fin des années 1960, qu'un même vin rouge servi dans des coupes différentes n'a ni les mêmes arômes ni les mêmes saveurs. Il faut le tester pour y croire.

Pour la première fois de l'histoire, des verriers ont ainsi accompagné l'évolution esthétique du monde du vin, dans toutes ses dimensions, en proposant un outil approprié, y compris pour la manière dont le liquide arrive sur le palais. Selon que le buvant du verre est plus ou moins refermé, par exemple, il projette le vin de manière plus ou moins douce sur les lèvres et permet de faire ressortir ou d'apaiser son aspect alcooleux. À ce niveau de dégustation, le verre devient un véritable instrument de musique qui fait résonner les ondes du vin, selon une architecture où taille, hauteur et diamètre résultent d'études techniques rigoureuses.

Évidemment, cette multiplication des verres semble rendre encore plus complexe un univers qui l'est déjà pour le commun des mortels. Dans les années 1970, afin de prendre le contre-pied de cette vision vue comme élitiste, on assiste à des recherches de verre universel : est-il possible de créer un seul verre qui pourrait permettre de déguster n'importe quel vin ? C'est le plus petit dénominateur commun, en somme, qui en résulte, avec notamment le verre dit Inao parce que c'est l'Institut national des appellations d'origine (aujourd'hui Institut national de l'origine et de la qualité) qui en a fixé les caractéristiques : ni trop grand ni trop petit, ni trop large ni trop haut… D'un côté, plusieurs comités d'experts se sont réunis pour en déterminer les impératifs. D'un autre côté, dans les régions, une enquête a été lancée afin de recueillir les pratiques de dégustation. Le résultat n'est pas très esthétique, mais il a l'intérêt de proposer un verre par défaut afin d'apprécier avec un seul outil toute sorte de vin ou d'alcool. Pendant plusieurs décennies, ce verre Inao de forme oblongue, tel un œuf légèrement allongé, et attaché à un pied court, a officiellement servi de bon compromis dans toutes les dégustations professionnelles internationales pour permettre les évaluations organoleptiques des vins. Progressivement néanmoins, son côté rustique a laissé la place à toute une nouvelle génération de verres plutôt inspirés des lignes élégantes des pionniers Riedel.

Ce qui est certain, c'est que Claus Riedel s'est imposé comme un pionnier dans les arts de la table avec ses verres à vin qui ont supplanté les verres colorés et fantaisistes. Il a insufflé un aspect scientifique qui n'existait pas dans la dégustation. Avant lui, les professionnels possédaient un outil unique, le tastevin, utilisé uniquement pour analyser la turbidité du liquide – c'est-à-dire son degré de clarté – et son aspect loyal et marchand. Jamais un tastevin n'a été posé sur une table pour boire du vin. En revanche, Claus Riedel a suggéré qu'il était possible de faire du verre un bel objet avec une fonction efficace. Il a ainsi inspiré des générations de créateurs de verres qui ont définitivement et unanimement opté pour la transparence, condition *sine qua non* pour apprécier la robe des vins.

L'idée du verre comme une enceinte qui déploie les notes d'un vin a permis de changer les structures mentales des amateurs. Il n'est plus rare de servir un champagne dans un verre à vin blanc, et non dans une flûte qui en réfrène l'ampleur ou l'exubérance. Considéré comme un vin à part entière, le champagne s'étale désormais dans son verre adapté, sans qu'il aille non plus jusqu'à la forme de la coupe qui lui enlève ses parfums.

En somme, comme il n'existe pas de vin universel, il n'existe pas de verre unique. C'est bien la brèche qui fut ouverte dès 1958 par Claus Riedel et qui n'en a pas fini d'éveiller les créations.

IL A SUFFI D'UNE DÉGUSTATION,
AU MILIEU DES ANNÉES 1970 À PARIS,
POUR VOIR DES VINS FRANÇAIS
DÉTRÔNÉS AU PROFIT DE VINS
AMÉRICAINS. CETTE REMISE EN CAUSE
FUT INSTANTANÉMENT PERÇUE COMME
UN VERDICT. FUNESTE OU JUBILATOIRE
SELON LA RIVE DE L'ATLANTIQUE.

LE JUGEMENT DE PARIS

24 mai 1976. Jusqu'à cette date, les vins français étaient considérés comme des exemples à suivre. Quand, soudainement, tout l'ordre établi s'écroule. Lors d'une confrontation de vins français et californiens, des breuvages *made in USA* sont, pour la première fois, jugés meilleurs que les crus français les plus célèbres – aussi bien en rouge qu'en blanc. Cette dégustation à l'aveugle a lieu en France, et elle est d'autant plus révolutionnaire qu'elle réunit des connaisseurs français réputés. L'effet est tel que cette journée inédite marquant l'histoire de l'œnologie est rapidement décrétée celle du « Jugement de Paris ».

Depuis 2016, elle est reconnue aux États-Unis comme *An Important Day in American History*. Quarante ans après la fameuse dégustation, son instigateur, l'Anglais Steven Spurrier, s'est vu remettre un document qui la certifie en tant que fait historique.

Au printemps 1976, ce caviste de renom installé à Paris réunit pour une dégustation à l'aveugle neuf experts français. Ces derniers le connaissent : il s'est taillé une réputation sérieuse, car il est aussi consultant pour la maison de vente aux enchères Christie's qui vend des flacons rares, journaliste pour la revue spécialisée *Decanter* et cofondateur de l'Académie du Vin à Paris.

Avec l'Américaine Patricia Gallagher, journaliste au *Herald Tribune*, il a mis plusieurs mois à organiser l'événement. Ce n'est pas si simple à l'époque. Car, dans les années 1970, les vins californiens, si loin des grands crus français, sont inconnus dans l'Hexagone : les Français boivent des vins français, les Bourguignons et les Bordelais consomment des vins de chez eux ; personne ne songe à s'essayer à des vins étrangers. Il ne s'agit pas d'ostracisme ni d'une question de prix, simplement de mœurs culturelles. On est encore loin de la mondialisation ou de la globalisation. La France domine très largement l'empire du vin, elle en est l'inspiratrice, elle exporte ses crus partout dans le monde. Commet-elle un péché d'orgueil ? Une leçon va vite lui être donnée !

L'année précédente, en 1975, le tandem Spurrier-Gallagher a profité de ses vacances d'été pour visiter des *wineries* en Californie. Quand d'autres rapportent des bibelots, Steven Spurrier serre des bouteilles dans ses valises. Peu à peu, une idée germe dans son esprit :

les faire déguster par quelques fins palais français. Mais comment faire pour que les experts ne jettent pas un œil dédaigneux sur ces étiquettes inconnues ? Finalement, le concept de la dégustation à l'aveugle commence à prendre forme.

Quelques mois plus tard, en ce début d'après-midi ensoleillé du printemps 1976, aucun des protagonistes présents à l'hôtel *InterContinental* de Paris ne comprend sur le moment ce qui se passe. Pas même Steven Spurrier : « Notre objectif était juste que la France découvre la qualité de vins californiens », explique-t-il dans un livre paru en 2018, *Wine: a Way of Life* (Adelphi, non traduit). En réalité, il va plus loin, et a décidé de transformer une simple découverte en compétition amicale entre les deux pays. Parmi les représentants des médias qu'il a convoqués, seul George Taber, du magazine américain *Time*, se déplace. Les autres journalistes considèrent qu'il ne peut y avoir match, tant il est déséquilibré et à l'avantage de la France.

Réunis dans la cour du palace, les neuf membres du jury apprennent que des vins français sont de la fête. Qui en est une au début, pas par la suite. Invité à une simple dégustation de vins californiens, Aubert de Villaine, cogérant de la Romanée-Conti, arrive la fleur au fusil. En 1965, celui qui préside aux destinées du célébrissime cru de Bourgogne, marié à une femme de Californie, a passé six mois dans les *wineries* de l'État américain, qui étaient alors peu nombreuses, à peine une douzaine. Il est curieux de savoir comment les vins de ce territoire ont pu évoluer. Autour de lui, la fine fleur des experts français en vins : Pierre Bréjoux, qui représente l'Institut national des appellations d'origine (Inao), donc l'État ; Michel Dovaz, enseignant à l'Académie du Vin ; Claude Dubois-Millot, du Guide Gault & Millau ; Odette Kahn, rédactrice en chef de *La Revue du vin de France* et de *Cuisine et Vins de France* ; Raymond Oliver, chef du restaurant *Le Grand Véfour* ; Pierre Tari, propriétaire du domaine bordelais Château Giscours ; Christian Vanneque, chef sommelier de *La Tour d'Argent* ; Jean-Claude Vrinat, propriétaire du restaurant *Taillevent*.

La dégustation commence par les vins californiens, cinq blancs en chardonnay, avant la même sélection en bourguignons. Vers 14 heures, le premier vin coule dans les verres. L'ambiance est bon enfant, les bavardages vont bon train. Michel Dovaz converse avec ses voisins de table, Pierre Bréjoux à sa droite et Pierre Tari à sa gauche. Ils s'accordent à ne même pas se poser la question de la qualité des vins, mais uniquement à tenter de distinguer les crus français des autres. L'assemblée discute comme s'il s'agissait d'un cocktail mondain quand tout bascule. Tel un maître d'école, Steven Spurrier ramasse les copies : les bulletins de notes, sur 20, attribuées par chaque membre du jury à chaque vin dégusté. Il fait les calculs et annonce, lentement tant il est sous le choc, le palmarès : le Château Montelena 1973, un des plus anciens domaines californiens, est premier devant un meursault premier cru, Les Charmes 1973, du Domaine Roulot. La sidération s'empare du jury. D'autant que les troisième et quatrième places sont occupées par deux vins californiens, Chalone Vineyard 1974 et Spring Mountain 1974. Le beaune premier cru Clos des Mouches 1973 du Domaine Joseph Drouhin, en Bourgogne, n'est que cinquième. Convaincus de la suprématie des Français, les experts accusent le coup.

Malgré le choc produit par les résultats des vins blancs, la dégustation se poursuit. C'est au tour des rouges – en cabernet-sauvignon. Cette fois, les visages sont plus tendus, les dégustateurs se montrent bien plus silencieux et concentrés. La réputation du vignoble français est en jeu. La fin de journée approche quand Steven Spurrier annonce les résultats de ce second round. Mais de nouveau, un vin californien surgit en tête, le Stag's Leap 1973, devant Château Mouton-Rothschild 1970 et Château Haut-Brion 1970. Dans la salle, la réaction est encore plus vive. Un vin rouge californien victorieux face à des monuments français !

Prenant conscience de l'impact de ce qui vient de se produire, notamment en matière d'image et de commerce, Odette Kahn panique. Furieuse, elle veut que Spurrier lui rende son bulletin de notes. Il refuse. Les goûteurs se sentent trompés, voire humiliés, quand les organisateurs se défendent d'avoir imaginé un tel résultat.

C'est le journaliste américain George Taber qui révèle toute la dimension de l'événement, car aucun Français n'avait intérêt à dévoiler le camouflet. Deux jours plus tard, il publie un article intitulé « Le Jugement de Paris, la dégustation historique qui a révolutionné le vin ». Cette annonce provoque un déchaînement médiatique, surtout aux États-Unis, tant le résultat de ce concours est providentiel pour l'économie viticole. Outre-Atlantique, cet événement encourage la viticulture qui vient de trouver sa première reconnaissance internationale. Encore en 2008, un film américain, quoique controversé (*Bottle Shock*, de Randall Miller), raconte cette folle journée.

En France, en revanche, tout le monde minimise l'événement. Toujours en colère contre Steven Spurrier, Odette Kahn signe dans *La Revue du vin de France* de septembre-octobre 1976 un éditorial revanchard sur deux pages, intitulé « Au sujet d'un petit scandale ». « Je n'ai jamais reçu une telle avalanche de lettres et de coups de téléphone, écrit-elle. Le monde viticole souffrait, criait, enrageait. J'ai même craint un moment être chassée des salons (pardon, des caves) pour avoir participé à une expérience aussi scandaleuse. » Elle reproche à l'organisateur d'avoir manipulé l'ordre de la dégustation afin de mieux mettre en valeur les vins californiens, affirmant que « la succession des vins était dans un désordre parfait. Et nous ne saurons jamais si cette perfection dans le désordre était le fruit du hasard ou d'une volonté délibérée ».

Les neuf dégustateurs sont tellement critiqués que l'un d'eux est même contraint à la démission : Pierre Bréjoux quitte son poste d'inspecteur général à l'Inao. D'autres, comme Aubert de Villaine, préfèrent en tirer une leçon. Si certains de ses homologues en Bourgogne lui reprochent d'avoir failli à sa mission, il préfère faire son mea-culpa. Il accepte d'avoir péché par orgueil et reconnaît qu'il ignorait l'existence de concurrents étrangers. Cette dégustation lui permet d'aller de l'avant pour affiner davantage la qualité des vins qu'il produit. Du côté de la famille Drouhin, directement affectée par le Jugement, la réaction est identique : Robert Drouhin comprend qu'il est temps de partir à la découverte des terroirs américains. Ainsi, quelques années plus tard, il crée avec sa fille, Véronique, un domaine en Oregon, où ils plantent des cépages bourguignons, pinot noir et chardonnay.

Chez les Rothschild, la réaction ne se fait pas attendre: la famille part aussitôt explorer les terroirs californiens. Elle en revient avec un partenariat avec la famille Mondavi, qui marque le début d'une nouvelle aventure: la création du vignoble d'Opus One en 1979.

Entre-temps, fort du Jugement de Paris, le critique américain Robert Parker découvre le vignoble français et lance sa revue *The Wine Advocate*, en 1978. C'en est fini du monde du vin franco-français. Il faut désormais compter avec les Américains.

La dégustation du 24 mai 1976 a été reproduite à plusieurs reprises, notamment en 1996 pour son vingtième anniversaire, et en 2006 pour le trentième. À chaque fois, les vins américains l'ont emporté. Mais les Français ne se sentent pas vaincus. Le vigneron de Meursault Jean-Marc Roulot rêve toujours que l'épreuve soit recommencée avec les mêmes vins qu'il y a maintenant un demi-siècle. Il est persuadé que ses meursaults-charmes 1973 ont mieux vieilli que leurs concurrents étrangers. L'épreuve du temps favoriserait-elle les vins français? Personne ne l'a encore prouvé...

AUX CÔTÉS DE LOUIS DE FUNÈS OU DE JAMES BOND, DE GRANDS CRUS SE GLISSENT DANS DES SCÈNES CULTES DU SEPTIÈME ART FRANÇAIS ET INTERNATIONAL. LE VIN S'INVITE À L'ÉCRAN, TEL UN PERSONNAGE À PART ENTIÈRE.

LA STAR DU SEPTIÈME ART

27 octobre 1976. Comme tous les mercredis, les cinéphiles guettent les nouveautés. Celui-ci est marqué par le retour à l'écran de l'acteur Louis de Funès après trois ans d'absence. Il est attendu dans *L'Aile ou la Cuisse*, une comédie du réalisateur Claude Zidi, dans laquelle il donne la réplique au jeune Coluche. Le tournage a débuté quelques mois auparavant, le 24 mai, le jour même du Jugement de Paris, cette dégustation légendaire. C'est un hasard, mais aussi un signe des temps : les critiques œnologiques et gastronomiques sont à la mode ; ils se battent contre un nouveau phénomène, la malbouffe, issue de l'industrie agro-alimentaire qui gagne du terrain. Tel est bien le sujet du film. Avec près de six millions d'entrées, il termine deuxième au box-office de l'année, juste après *Les Dents de la mer.* Un demi-siècle plus tard, il reste culte.

L'histoire est tellement française ! Elle raconte l'influence du guide Duchemin – du nom de son directeur, Charles Duchemin, joué par Louis de Funès. Le vin y apparaît comme témoignant d'une culture historique et géographique, notamment dans une scène devenue fameuse : celle d'une dégustation à l'aveugle au cours de l'émission de télévision en direct *Tous les coups sont permis.* Duchemin est confronté à son ennemi Tricatel, qui dirige une usine de plats préparés à base de produits impropres à la consommation. C'est d'abord le critique gastronomique qui est mis à l'épreuve : il doit deviner quel vin lui est servi. Victime d'une perte du goût après avoir goûté trop de mets mauvais, il réussit à identifier le cru uniquement en examinant avec attention son verre, sans même y tremper les lèvres ! Ébloui, le public l'applaudit à tout rompre : il a reconnu précisément le Château Léoville Las Cases ainsi que son millésime 1953 – à la lumière de sa robe, expression, dit-il, de son terroir de Saint-Julien, dans le Médoc.

Qu'il s'agisse d'un bordeaux marque aussi l'époque : c'est la référence absolue en matière de vin dans les années 1970, aussi bien en France que dans le monde. Dans la vraie vie, Claude Zidi et Louis de Funès ne cachent d'ailleurs pas en être très amateurs. Et puis, à ce moment-là, on boit des vins qui ont quelques années de garde, mûrs à point, pas les derniers-nés : déboucher un 53 en 76 relève donc du classique.

Le vin s'impose régulièrement dans le septième art : l'univers romanesque dont il est issu, son mystère mais aussi sa photogénie font souvent de lui un personnage-clé. Ou un figurant passionnant lorsqu'il apparaît au travers d'une simple bouteille posée, mine de rien, dans le décor : telle celle de Château Angélus 1982, un grand cru classé de Saint-Émilion, dans la fameuse scène de l'Orient-Express de *Casino Royale* (2006). L'échange est si intense entre l'agent 007 et Vesper Lynd que personne ne remarque le cru mythique sur la table, ce qui a pour effet de souligner l'aspect crucial de la rencontre.

L'image séductrice du personnage de James Bond est renforcée par ses choix œnologiques. D'un film à l'autre, on le voit boire un verre d'Angélus ou de Mouton Rothschild grand cru de Pauillac, une coupe de Bollinger ou de Dom Pérignon. Dans *Les Diamants sont éternels*, un Château Mouton Rothschild joue même un rôle déterminant. Ce vin est si prestigieux qu'il est impossible que le serveur d'une grande table ne le connaisse pas. C'est ainsi que James Bond démasque en quelques secondes son ennemi : par son manque de culture œnologique...

Au cinéma, bordeaux et champagnes tiennent la vedette, moins souvent les bourgognes. Tout dépend, certes, de ce que le vin représente dans l'histoire, et de ce en quoi il contribue à la représentation symbolique et sociale du personnage. Reste que, pour la maison de vin ou le vigneron mis en lumière sur grand écran, la retombée sur la réputation est telle qu'il existe des agents chargés du placement de produits. La plupart du temps toutefois, le vin apparaît dans le scénario de manière absolument libre. Ce fut le cas pour *L'Aile ou la Cuisse* : le propriétaire du Château Léoville Las Cases n'avait pas été informé de la mention de son vin dans le film, il l'a découverte à sa sortie. De même, Claude Chabrol, adepte du Château Yquem, n'a pas hésité pas à faire figurer ce grand cru de Sauternes dans plusieurs des siens.

Dans d'autres cas, il vaut mieux que le propriétaire du domaine ne soit pas prévenu, car le rôle attribué à son vin ne sert pas forcément sa notoriété. Prenons *Le Dîner de cons* (1998), devenu un classique aussi bien au cinéma qu'au théâtre. Il y a cette scène où le personnage joué par Thierry Lhermitte veut cacher dans son appartement tout signe extérieur de richesse au regard d'un contrôleur fiscal sur le point de venir dîner. Il cache les objets d'art, de valeur, et trouve encore une carafe de Château Lafite-Rothschild 1978. Pour ruiner le vin qu'il va servir à son hôte, lui faire croire qu'il s'agit d'une piquette, il y ajoute du vinaigre. L'effet comique survient au moment où il le goûte : « Mais ? Il n'est pas plus mauvais... Il serait même plutôt meilleur. » Et Jacques Villeret, qui joue le « con » du dîner de confirmer : « Ah oui. C'est bon à savoir, ça ! »

Citons encore cette scène d'un autre grand succès français, *Les Visiteurs* (1993), dans laquelle Jacquouille découvre une cave remplie de caisses de Château Haut-Brion : « Oh des chopines ! Des chopines de vinasse ! [...] À votre bonne santé, les gueux ! »

Chercheur de l'Institut Agro Montpellier, Foued Cheriet a eu l'idée de mesurer la présence du vin dans le cinéma français. Entre 2015 et 2016, il a regardé, avec des confrères et des étudiants, une quarantaine de films. De ces quelque quatre-vingt-dix heures de visionnage, il a déduit que 92% des films français contiennent au moins une scène où apparaît une bouteille ou un verre de vin, ce qui fait apparaître le jus de la vigne à l'écran en moyenne toutes les vingt minutes, soit 5,2 fois par film! Cela dit, *La Môme*, d'Olivier Dahan (2007), explose cette moyenne : le vin est y est présent d'une manière ou d'une autre dans pas moins de 23 scènes.

Le chercheur de Montpellier n'a pas poursuivi son étude avec les films étrangers, mais ceux-ci se défendent bien. Produit par les studios américains Pixar et réalisé par Disney, le dessin animé *Ratatouille* (2007) fait la place belle à une bouteille de Château Cheval Blanc, un des meilleurs grands crus classés de Saint-Émilion. C'est donc encore un grand bordeaux qui est choisi ici par le critique gastronomique Anton Ego pour accompagner le plat de ratatouille qui fera ensuite le succès du restaurant *Chez Gusteau*. Et puis encore du champagne, en l'occurrence du Moët & Chandon, dans *Gatsby le Magnifique*, sorti en 2013 avec Leonardo DiCaprio, qui incarne un jeune millionnaire dont la vie de démesure est symbolisée par cette marque d'effervescence de luxe. Que celle-ci soit connue du monde entier est la raison pour laquelle elle peut jouer pleinement son rôle dans l'histoire. Dessins animés, films, mais aussi séries : citons *Desperate Housewives* ou encore *Sex and the City*, dans lesquels le Clos du Val joue en star hollywoodienne...

Le vin n'est pas toujours un accessoire, il peut aussi constituer le sujet du film. En 2011, *Tu seras mon fils*, de Gilles Legrand, brouille les pistes entre le vrai et le faux. L'histoire se déroule dans un domaine viticole du Bordelais qui n'existe pas, le Clos de l'Abbé, propriété du personnage principal joué par Niels Arestrup. Pour que son vin fictif s'étoffe de crédibilité, il est comparé à un vin réel, le Rubicon, produit en Californie dans la propriété de Francis Ford Coppola, connu aussi bien pour son cinéma que pour ses vins. D'autres fictions françaises qui se déroulent dans l'univers du vin sont représentatives du genre : *Premiers Crus*, de Jérôme Le Maire (2015) ; *Saint Amour*, de Gustave Kervern et Benoît Delépine (2016) ; *Ce qui nous lie*, de Cédric Klapisch (2017).

Ici au cinéma, là au théâtre, mais aussi dans la poésie, la peinture, la sculpture, les arts plastiques ou la musique, le vin appartient depuis toujours au monde de la culture. Dans la Grèce antique déjà, il existait les fêtes annuelles dédiées à Dionysos, dieu de la vigne, du vin… et de ses excès ; elles donnaient lieu à des concours d'art dramatique ou comique.

Jamais le vin n'a été considéré comme un produit banal de consommation courante, il a toujours été tenu, au contraire, comme un élément culturel des sociétés dans lesquelles il s'est enraciné en même temps que la création artistique. Aujourd'hui, les musées regorgent d'objets raffinés qui mettent en lumière cette inspiration liée au dieu du vin. Même lorsque la chrétienté l'a repris à son compte en relançant la viticulture dans une démarche eucharistique, les monastères n'ont pas cessé de produire des œuvres d'art autour de ce sujet, d'une manière ou d'une autre. Peintures, enluminures, bas-reliefs, vitraux, sculptures nous rappellent ces heures passées à glorifier le divin breuvage.

Chaque art, à chaque époque, a été une voie d'expression pour le vin, comme si le boire ne suffisait pas, comme s'il fallait le prolonger dans une mémoire collective, comme si l'instant de sa consommation était bien trop fugace.

Avec le cinéma qui est un art populaire, le vin peut continuer d'exister en dehors de ses lieux privilégiés de consommation, et surtout il peut toucher tous les publics. Pétri par l'histoire et la géographie, par la main de l'homme comme par les saisons, il appartient définitivement au patrimoine de l'humanité. Véritable concentré de lumière – « le vin, c'est le soleil », s'émerveille le personnage de Louis de Funès dans *L'Aile ou la Cuisse* –, il trouve naturellement un rôle de star sur les écrans.

UN SEUL HOMME PEUT-IL FAIRE LA PLUIE
ET LE BEAU TEMPS SUR UN DOMAINE
VITICOLE, OU MÊME TOUTE UNE RÉGION,
VOIRE LE MONDE DU VIN DANS
SON ENSEMBLE ? TEL FUT LE POUVOIR,
PENDANT TRENTE ANS, DU CRITIQUE
AMÉRICAIN ROBERT PARKER.

LA SUPRÉMATIE D'UN CRITIQUE

31 mars 1987. Pour la première fois, un journal consacre un article au critique américain Robert Parker, en train de s'imposer comme le « promoteur du Bordelais dans le monde entier ». Le quotidien régional titre: « Robert Parker, stakhanoviste de la dégustation ». Le grand public découvre le visage d'un jeune quadragénaire qui va devenir le plus grand influenceur du monde du vin. La photo en noir et blanc le montre, debout, en costume-cravate, un verre porté aux lèvres en train de déguster l'un des nombreux échantillons placés devant lui.

La scène se déroule quelques jours plus tôt, le 23 mars, au Château La Conseillante, un des plus beaux crus de l'appellation Pomerol. L'Américain est entouré de l'œnologue libournais Michel Rolland, ainsi que des propriétaires du domaine, Francis et Bernard Nicolas. Ce jour-là, tous sont tournés vers celui que l'on appellera bientôt l'oracle de Monkton (où se trouve son bureau, près de Washington), ou le gourou du vin, tant sa critique peut faire basculer la vie économique et la réputation d'un domaine. Robert Parker est devenu l'un des journalistes du vin les plus écoutés. Si bien qu'un mot de lui, une note, peuvent chambouler une vie, l'encenser ou l'anéantir. Un vrai faiseur de rois et de leur fortune.

Tous les ans, au printemps, les propriétaires des châteaux viticoles du Bordelais organisent ces dégustations des primeurs : quelques mois après les vendanges du millésime précédent, c'est le moment d'accueillir professionnels, journalistes, courtiers et négociants afin qu'ils se fassent une idée de la qualité de la production et que l'on puisse en fixer les prix. En 1987, tout le monde est aux petits soins pour Robert Parker : en une dizaine d'années, depuis les débuts de sa revue *The Wine Advocate* en 1978, l'homme capable de goûter des centaines de vins par jour s'est taillé une impressionnante réputation.

Si *Sud-Ouest* ne lui consacre un premier article que cette année-là, alors qu'il participe à la gloire des vins de Bordeaux depuis 1983, c'est que son goût a commencé à se faire remarquer au moment de juger le millésime 1982. Celui-ci devait encore être élevé, mis en bouteilles puis sur le marché, mais le temps a donné raison à Parker. Sa force a été d'émettre le seul avis favorable sur le millésime 1982 quand les critiques anglo-saxons, très écoutés, l'avaient fustigé.

Dès 1984, les comptes rendus de dégustation de l'Américain ont fait monter les cours. Les négociants, qui n'avaient pas tout vendu, ont commencé à gagner beaucoup d'argent. Selon le critique français Michel Bettane, « c'est à partir de ce point de bascule que Bordeaux va devenir quelque chose de très intéressant commercialement ». Grâce à Robert Parker, les acheteurs, courtiers, négociants, importateurs, distributeurs ont pris conscience du fait qu'il fallait miser sur « le 82 ». Achetées à des prix raisonnables, ces bouteilles ont atteint ensuite des sommes folles. La réputation de ce millésime était faite, ainsi que celle de Parker !

En 1987, l'aura de ce fameux millésime n'est pas encore celle qu'il connaîtra plus tard, au cours de sa longue garde. À ce moment-là, il ne se présente pas sous ses meilleurs jours. Dans ses mémoires (*Bordeaux grands crus : La Reconquête*, Glénat, 2022), Jean-Michel Cazes, le propriétaire du Château Lynch-Bages à Pauillac, écrit : « Plus le temps a passé et plus l'opinion de ceux qui pensaient que 1982 était un grand millésime a pris le dessus. » Ce fut le triomphe de l'œnologie moderne, telle que la concevait Émile Peynaud, et l'avènement d'une école, qui ne faisait pas l'unanimité parmi ses pairs, mais dont les réalisations de 1982 comptent parmi les plus abouties. « L'opinion des œnologues modernes a prévalu, poursuit Jean-Michel Cazes. Leur discours était simple, mais dur à entendre à l'époque. Les raisins devaient être le plus mûr possible et d'acidité assez basse. »

L'article de presse de 1987 marque le début de la reconnaissance bordelaise envers Robert Parker qui fait les heures de gloire de la région. Pour la première fois depuis longtemps, le vignoble bordelais reprend confiance en lui-même, après des années 1970 difficiles. Il recommence même à séduire, si bien qu'il attire de nouveaux moyens financiers, nécessaires pour mener à bien sa révolution. À partir de cette année charnière, la sortie du *Wine Advocate* est guettée. Il s'agit alors d'une lettre bimestrielle fonctionnant sans publicité, dans un souci d'indépendance. Les notes orientent les achats, avec la même frénésie que dans une salle de marchés financiers. Quand un vin décroche le mythique 100/100, l'ambiance entre les marchands bordelais devient fiévreuse, alchimique : le vin primé se transforme en or.

Aucun autre critique n'a réussi ce tour de force de peser aussi lourd sur le cours d'un produit, quel qu'il soit. Et aussi longtemps. Pendant près de trente-cinq ans, Robert Parker a fait la pluie et le beau temps dans le monde du vin, sans discontinuité, et ses détracteurs ne sont jamais parvenus à l'anéantir, ni lui ni son influence. Il y a eu un avant et un après-Robert Parker. En 2012, alors qu'il fête ses 65 ans, le critique décide non pas de prendre sa retraite, mais de vendre sa revue. À l'image d'un marché du vin qui glisse des États-Unis vers l'Asie, un groupe de Singapour l'achète pour la rondelette somme de 15 millions de dollars, à la condition de bénéficier encore de la présence de l'Américain comme éditeur et critique des vins de Bordeaux et de Californie, ses deux régions viticoles favorites. Dès lors, le nom Robert Parker devient une marque et dépasse l'homme. Dire que tout a commencé lors d'un voyage de vacances en France alors qu'il avait 21 ans ! Venu rejoindre sa fiancée, qui faisait des études à Strasbourg, il a découvert le vin en l'invitant dans un restaurant. Ce fut la révélation de sa vie, le début d'une passion qui allait le faire renoncer à sa profession d'avocat et, surtout, créer des répercussions mondiales, car les acheteurs de tous les continents le suivraient bientôt les yeux fermés.

Après 2012, la « machine Robert Parker » devient de plus en plus fructueuse, notamment en brisant certaines limites que son créateur s'était fixées : ne pas publier de publicité dans la revue, ni augmenter le nombre de vins notés. Pour le millésime 1982, seuls deux vins avaient obtenu le score suprême, Le Pin à Pomerol, sortant soudainement de l'anonymat, et Château Latour, premier grand cru classé de Pauillac, acheté dix ans plus tard par l'homme d'affaires François Pinault, pour son premier investissement dans l'univers viticole. Pendant l'ère Parker, le vin se valorise au point qu'il devient un objet de spéculation.

Or, les Singapouriens souhaitent prolonger cette aura et, après 2012, le nombre de vins notés 100/100 s'envole : quelque 56 vins par an obtiennent cette récompense. Il faut préciser que le nombre de vignobles jugés a également augmenté, puisqu'il faut compter désormais avec les vins australiens et néo-zélandais. Même si l'on est encore loin d'une banalisation de la note aux trois chiffres, on en constate une certaine dévalorisation, puisqu'elle n'est plus aussi rare qu'au début.

Il n'empêche que les dizaines de domaines récompensés voient leur vie changer du tout au tout, sous l'effet de cet éclairage nouveau. La notoriété soudaine leur ouvre des marchés insoupçonnés et leur permet des hausses de prix souvent considérables, voire inimaginables, les pousse à des travaux de modernisation sur l'outil de production et ouvre sur une pérennisation, parfois inespérée, de leur activité. Bien entendu, les événements s'inversent si les notes baissent, aggravant des situations déjà fragiles.

Alors en quête de la bonne note, certains vignerons ont abandonné le goût de leur terroir pour l'orienter vers celui, supposé, du grand critique américain. D'où le revers de la médaille : l'uniformisation du goût du vin, engendré par le monopole de la critique. Il en a même résulté une sorte de recette caricaturale pour produire un vin boisé – grâce à des élevages en fûts de chêne qui ont pu atteindre 200 % de bois neuf pour marquer encore plus les tanins du vin rond, riche, opulent, concentré censé plaire à Robert Parker. Une large gamme de vins a eu tendance à s'engouffrer dans cette voie, qui s'est révélée sans issue. La conséquence de l'homogénéisation du goût du vin a été sans appel : le glas d'un marché devenu caricatural à l'extrême a sonné. C'est précisément le moment qu'a choisi Robert Parker pour prendre sa retraite. À 71 ans, en 2019, après avoir goûté jusqu'à 15 000 vins par an, le critique s'est retiré des affaires, laissant son titre entre les mains du consortium de Singapour et du Michelin, entré dans le capital deux ans auparavant.

Symbole d'un âge d'or du vin, sa prééminence restera sans doute unique dans l'histoire. Avant lui, la critique œnologique était dominée par les Anglo-Saxons. Après lui, elle est complètement éclatée entre l'Asie, l'Europe et les États-Unis. Personne n'est pressenti pour le remplacer, au point que certains professionnels songent à lui ériger une statue à

Bordeaux, où il a marqué les heures d'une prospérité inégalée, quoi qu'en disent ses nombreux détracteurs. En 1999, le président de la République Jacques Chirac a fait chevalier dans l'ordre de la Légion d'honneur ce talentueux dégustateur qui avait assuré son nez à hauteur d'un million de dollars...

En laissant un monde orphelin de sa critique unique vingt ans plus tard, le messie du vin lui a permis de retrouver enfin la diversité des saveurs qui fait sa richesse depuis des siècles. Si, dans les années 1980, Robert Parker est parvenu à démocratiser un monde du vin considéré comme aristocratique, le nouvel ordre qu'il avait instauré a fait son temps.

DANS L'OMBRE D'UN CHAI SOUTERRAIN,
UNE RÉVOLUTION DISCRÈTE S'AMORCE.
LÀ OÙ L'ARCHITECTURE ENTRE
DANS LE VIGNOBLE, C'EST TOUTE
UNE CULTURE QUI BASCULE. LE VIN
SE MET EN SCÈNE. LE DÉCOR EST PLANTÉ.

QUAND L'ARCHITECTURE PÉNÈTRE LE MONDE DU VIN

20 juin 1988. Le Château Lafite-Rothschild reçoit quelques centaines d'invités à Pauillac. Ce jour-là, le célèbre premier grand cru classé en 1855 inaugure, en grande pompe, son nouveau chai, réalisé par l'architecte catalan Ricardo Bofill. Le monde fermé du vin donne un peu à voir de lui-même. À l'ombre d'un vignoble historique, né il y a bien longtemps, en 1234, le gotha est réuni autour du propriétaire, Éric de Rothschild, pour marquer l'avènement d'une nouvelle ère, celle où l'intention architecturale marque la volonté forte de préserver un patrimoine face aux velléités économiques immobilières qui menacent l'espace viticole.

Une centaine de restaurateurs et les propriétaires des grands crus assistent au premier dîner donné au cœur de ce chai souterrain d'un nouveau genre, aux barriques pleines du vin de la récolte précédente. Ce mois de juin 1988 se tient aussi le premier salon international du vin, Vinexpo, imaginé par Bordeaux. Le moment est idéal pour révéler au grand jour un lieu qui « est le mélange de la technique, de l'artisanat, de la beauté, et de l'art d'un architecte », affirme dans son discours d'inauguration Éric de Rothschild.

La réalisation de ce nouveau chai destiné à l'élevage de ses vins de deuxième année, le baron visionnaire l'a confiée deux ans auparavant à un architecte de renom. En 1986, entre deux parcelles, on a creusé un trou vertigineux sous le vignoble, et les travaux ont débuté. Un an plus tard, ils se sont achevés sur une structure absolument nouvelle, octogonale, typique de Bofill, parée de deux cercles concentriques de 16 colonnes qui soutiennent l'ensemble de la construction. L'impressionnant sanctuaire de 4000 mètres carrés peut accueillir 2200 barriques – rien de spectaculaire, non plus. Le fait qu'il soit caché correspond parfaitement à la culture de discrétion de la famille. Néanmoins, le chai se révèle si révolutionnaire, innovant et épuré, qu'il ouvre la voie à des centaines d'autres dans le vignoble.

Un journaliste de l'époque commente: « Un chai rond dans le Bordelais! Fantaisie pour fantaisie, il y avait bien eu, il y a plus d'un siècle, l'extravagant chai du Cos d'Estournel, dont les toits-pagodes à clochetons, mi-orientaux, mi-arabes, s'inspirant d'un exotisme fou, avaient bouleversé le paysage du vignoble de Saint-Estèphe. Son auteur, propriétaire du vignoble, avait fini par se ruiner. » Or, depuis les fenêtres du salon d'apparat du château Lafite-Rothschild, le regard se pose inévitablement sur Cos, car les vignobles de Pauillac et de Saint-Estèphe sont voisins, et se rejoignent justement au niveau de ces deux domaines.

Il est en effet amusant qu'un siècle après la folie de Cos d'Estournel ce soit au Château Lafite que débute une nouvelle aventure architecturale. On peut sans doute voir de la part d'Éric de Rothschild une réponse à son voisin dans la création d'un chai certes original, mais enterré, orné d'une porte monumentale qui s'ouvre sur le vignoble. Dans une France politiquement socialiste, le luxe n'est plus à l'ostentation du XIXe siècle, mais à la discrétion.

À l'époque de son inauguration, l'impact sur le grand public est modéré, bien que soient réunis d'un côté le tout-Bordeaux et de l'autre une star de l'architecture, Ricardo Bofill, qui a déjà réalisé le quartier Antigone de Montpellier et un terminal de l'aéroport de Barcelone. En 1988, les châteaux bordelais sont encore confidentiels et fermés. On ne parle pas d'œnotourisme – le mot n'existe pas encore. Cependant, avec le nouveau chai du Château Lafite, pour la première fois, la zone centrale peut être transformée en salle de concert.

Pour l'heure, ce sont surtout des étudiants en architecture qui viennent admirer l'audacieux bâtiment, précurseur de la course aux signatures architecturales qui vont suivre en matière de chais. Dès le 9 mai 1987, consciente de l'importance de cette inauguration, une délégation du Centre Georges-Pompidou est même venue exprès de Paris dans le Médoc. Le centre d'art et de culture est en train de préparer une exposition consacrée aux châteaux bordelais, sur l'histoire et le renouveau des architectures de la civilisation du vin. Cette exposition aura lieu au Centre Pompidou, du 16 novembre 1988 au 20 février 1989. Ses commissaires l'affirment : « Aujourd'hui, ce patrimoine risque d'être altéré, de perdre son identité : dangers d'une improvisation architecturale due aux nouveaux besoins immobiliers créés par les progrès de l'œnologie et une commercialisation accrue ; dangers d'une urbanisation mal maîtrisée qui menace des paysages uniques au monde ; dangers aussi d'une désaffection progressive, au cœur même de Bordeaux, du centre historique du négoce en vin, le quartier des Chartrons. »

À compter de cette époque, les chais deviennent définitivement non seulement une image d'identification d'un domaine viticole, mais aussi un outil de communication incontesté, marquant l'intention d'un style et d'une philosophie. Lorsque les châteaux, les uns après les autres, commencent à se pencher sur ce sujet, délaissant souvent leurs investissements dans le vignoble au profit de leur chai, on ne compte plus les articles consacrés à ce sujet dans la presse, qu'elle soit spécialisée ou généraliste. Certes, certaines propriétés historiques ont eu autrefois cette démarche de séduction commerciale, comme Château Margaux dès 1810, avec l'architecte Louis Combes, qui a abouti à un ensemble néo-palladien. Mais à partir de 1988, ce mouvement architectural de rénovation des chais se généralise, voire devient inévitable au XXIe siècle, pour rendre absolument contemporain un château aux origines historiques.

Ainsi, dès les années 2000, les nouveaux chais se multiplient dans le Médoc, puis dans l'ensemble du Bordelais, et dans tous les autres vignobles émergents. Tous sont signés par des stars de l'architecture : Frank Gehry, Zaha Hadid, Santiago Calatrava, Norman Foster (pour Château Margaux)... Est-ce alors l'architecte qui valorise le cru ou le cru qui valorise l'architecte ? C'est une question que l'on peut légitimement poser lorsque l'on associe Château Lynch-Bages, un cinquième grand cru de Bordeaux, à l'architecte du Grand Louvre, Ieoh Ming Pei, ou Alberto Pinto, l'un des plus célèbres architectes d'intérieur du XXe siècle, au Château Pavie, à Saint-Émilion. Herzog & de Meuron, l'agence suisse connue notamment pour le stade olympique *Nid d'oiseau* de Pékin, a réaménagé le réfectoire des vendangeurs de Pétrus, lequel sert aussi à recevoir des invités le reste de l'année. À Cos d'Estournel, Jean Michel Wilmotte a signé une greffe architecturale épurée, mais dotée d'un chai gravitationnel de 72 cuves tronconiques. On peut encore citer Christian de Portzamparc au Château Cheval Blanc, Jean Nouvel au Château La Dominique, à Saint-Émilion également, ou bien Philippe Starck pour le chai en forme de navire du château Les Carmes Haut-Brion. Ce ne sont là que quelques exemples d'un nouveau star-système du vignoble auquel Éric de Rothschild a donné l'impulsion malgré lui. Toujours est-il que ces chais permettent au public d'associer le monde du vin à l'art et au luxe, auquel il n'appartient pas forcément si l'on considère son origine agricole.

À côté de son château, le chai, en lieu d'élaboration et de transformation du vin, se compare désormais à un atelier d'artiste, dans lequel une œuvre naît et devient. Il s'inscrit dans un discours de l'œnologie contemporaine, tout en justifiant des prix de plus en plus exorbitants. En revendiquant un geste architectural fort, le chai légitime l'entrée du vin dans le monde de l'art, avec tout ce qui l'accompagne, spéculation comprise. Or, la financiarisation du vin le sort de sa nature de bien de consommation alimentaire. En 1988, Éric de Rothschild était pionnier. Le chai du Château Lafite fait ainsi figure de proue parmi ceux qui ont suivi la logique amorcée: ce vin appartient désormais aux marques recherchées dans le monde entier, atteignant des prix stratosphériques, moins pour être consommé que pour être collectionné. Le discours, l'histoire et l'expérience du lieu de production sont devenus plus importants que la consommation du produit lui-même.

Cinquante ans plus tard, la stratégie d'extension du territoire, lancée avec la starification architecturale et illustrée par l'exposition du Centre Pompidou, semble aborder un nouveau stade. Sans s'interrompre, elle s'adapte à de nouvelles exigences contemporaines, en intégrant les préoccupations environnementales et énergétiques, et surtout en retrouvant un intérêt pour le vignoble, qui est finalement le cœur du sujet. D'où certains chais, comme celui de Château Figeac, inauguré en 2021, qui s'ouvre sur les vignes de Saint-Émilion grâce à une baie vitrée, là où autrefois un mur aurait caché le paysage. Les derniers-nés des chais bordelais se veulent de nouveau discrets, réalisés par des architectes moins célèbres, mais toujours dans l'idée de communiquer une image et une philosophie. Tel le chai enterré du Château Haut-Bailly, inauguré également en 2021, illustrant la recherche de retenue et de précision.

Après certains des chais extravagants qui ont suivi celui de Lafite, les dernières constructions sont guidées par une plus grande sobriété, révélant à nouveau le terroir et le vin qui reviennent au centre des préoccupations, davantage que leur représentation. Les nouvelles cathédrales du vin sont même parfois bâties à partir de la terre de laquelle elles surgissent, selon la méthode du pisé, comme le chai du Château de Beaucastel à Châteauneuf-du-Pape (2025), et celui du Château Cantenac-Brown à Margaux (2024).

Destinés à affronter de nouveaux défis, parmi lesquels le changement climatique et le manque d'eau apparaissent comme des points majeurs, les chais répondent désormais à des facteurs de plus en plus nombreux : ils doivent rester des lieux de travail performants, tout en étant esthétiques, ouverts et économiques. Si Lafite en 1988 donnait le ton pour Bordeaux, aucun vignoble n'échappe aujourd'hui à ces impératifs. Sur ce modèle, par exemple, le Château de La Chaize, qui représente le plus grand domaine du Beaujolais avec une superficie de 150 hectares (il est plus vaste que celui de Lafite, lequel en compte 112), a achevé en 2024 un chai exemplaire, et unique au monde en matière d'autonomie énergétique, grâce à l'installation d'un système géothermique.

« SANTÉ ! » EST LE MOT PRONONCÉ JOYEUSEMENT DANS QUASIMENT TOUTES LES LANGUES DU MONDE, PAR LES CONVIVES QUI ENTRECHOQUENT LEURS VERRES DE VIN. POURTANT, À LA FIN DU XXE SIÈCLE, UNE LOI A REMIS EN QUESTION LA PLACE DU VIN DANS LA SOCIÉTÉ FRANÇAISE.

LE VIN, BON POUR LA SANTÉ ?

10 janvier 1991. La loi Évin est adoptée. C'est bien en France, premier pays producteur de vin, que l'alliance séculaire entre le jus de la vigne et la santé est remise en question. Désormais, toute publicité concernant les boissons alcoolisées est limitée, contrôlée et doit obligatoirement alerter sur le danger que représente l'alcool : « À consommer avec modération ». Plus de trente ans après, les conséquences de cet appel à une réduction de la consommation au nom de la santé publique prouvent la puissance de cet événement fondamental.

Portée par Claude Évin, alors ministre de la Solidarité, de la Santé et de la Protection sociale, cette loi vise à lutter contre l'alcoolisme, mais aussi contre le tabagisme, notamment afin de protéger les plus jeunes. Il s'agit de veiller à ne pas promouvoir la vente d'alcool, à ne pas le rendre attractif. Concernant le tabac, ce texte interdit de fumer dans les lieux destinés à un usage collectif en instaurant des espaces réservés aux fumeurs dans les restaurants et sur les lieux de travail.

Tabac, alcool, vin, tout est amalgamé dans une même loi. Voilà qui hérisse le monde viticole, lequel estime ne pas produire de l'alcool, mais un produit agricole, culturel et patrimonial, qui certes en contient, mais ne peut y être réduit. Pour la première fois de l'histoire, un long bras de fer s'engage entre les professionnels de la santé et les professionnels du vin. La cassure semble irréversible.

Dès l'Antiquité, les propriétés thérapeutiques du vin et son utilisation en tant que remède tiennent une place importante dans la pensée des médecins. Au IVe siècle avant Jésus-Christ, le Grec Hippocrate, considéré comme le père de la médecine, le recom mande comme agent curatif aussi bien que préventif. « Le vin est une chose merveilleusement appropriée à l'homme si, chez l'homme sain comme chez l'homme malade, on l'administre avec pertinence et mesure, selon la constitution individuelle », écrit-il, annonçant immédiatement l'impératif du dosage. Au fil de l'histoire, le vin a ainsi été utilisé de plusieurs manières comme remède, y compris pour soulager des blessés ou traiter des blessures.

Au Moyen Âge, souvent mélangé à des herbes ou à des plantes, il fait partie de la pharmacopée. À la Renaissance, François Rabelais, plus connu comme écrivain alors qu'il était avant tout médecin, loue la « dive bouteille » en affirmant que « le jus de la vigne clarifie l'esprit et l'entendement, apaise l'ire, chasse la tristesse et donne joie et liesse ». À la fin du XVIe siècle, Michel de Montaigne, propriétaire de vignes dans le Bordelais, explique soigner ses calculs urinaires avec son vin, en application des principes de l'École de médecine de Salerne.

Puis, au début du XIXe siècle, le chimiste Jean-Antoine Chaptal impose une vision moderne du vin, dans lequel il dissèque « un acide, un alcool, du tartre, de l'extractif, de l'arôme et un principe coloré avec plus ou moins d'eau ». En mettant en lumière cette composition biologique, il confirme que le vin est un auxiliaire capable d'améliorer d'autres remèdes. Cela encourage les chirurgiens des champs de batailles napoléoniennes à user du vin pour désinfecter les plaies ou préparer les blessés à être opérés. En 1866, Louis Pasteur, le pionnier de la microbiologie et l'inventeur du premier vaccin (contre la rage qui sévissait alors), souligne dans ses *Études sur le vin* que celui-ci est « la plus hygiénique des boissons ». L'eau était alors trop polluée pour être saine.

À la fin du XIXe siècle, de premières associations de tempérance se constituent pour lutter contre l'abus de boissons alcoolisées. Mais le vin continue d'être considéré comme un fortifiant pour l'ensemble de la population. Parmi les aliments quotidiens nécessaires aux Français, au même titre que le pain et le lait, il est présent dans les hôpitaux, et même distribué dans les cantines scolaires. Coupé d'eau, il reste servi dans les écoles – aux moins de 14 ans – jusqu'en 1956, et dans les lycées jusqu'en 1981 !

En effet, encore à la fin du XXe siècle, bien que le discours médical commence à s'éloigner du vin et même à le dénoncer comme dangereux pour la santé, il n'est pas rare qu'un médecin prescrive à une femme qui vient de perdre beaucoup de sang en accouchant de boire du vin rouge, tenu pour riche en fer.

En 1981, l'intérêt médical pour le vin bénéficie même d'un regain avec l'apparition d'une nouvelle théorie : le paradoxe français (plus connu comme le *French Paradox*, en anglais), selon lequel il existerait un lien entre la consommation de vin rouge et la baisse des mortalités cardio-vasculaires, le premier, riche en polyphénols, protégeant des secondes. Le fameux « miracle » du régime méditerranéen vivra néanmoins pendant quelques décennies, avant d'être pulvérisé par la puissance de la pharmacopée. Un combat âpre, voire violent, s'engage entre les professionnels de la santé et ceux du vin.

D'un côté, les défenseurs du régime riche en huile d'olive, fruits, légumes, pauvre en viandes rouges – notamment transformées –, et prônant une consommation modérée de vin rouge (un à deux verres par jour). Ils proclament le pouvoir protecteur du vin, se positionnant aux antipodes du modèle américain. D'un autre côté, les responsables de la santé publique, qui prennent conscience des ravages de l'alcoolisme.

À chaque fois, ce ne sont pas l'alcool et les spiritueux qui sont visés, mais le vin qui est désigné. Dans le même temps, les médecins bénéficient de plus en plus de médicaments issus de l'industrie pharmaceutique, qui remplacent l'ancienne panacée, le vin.

Progressivement, et c'est vraiment la première fois dans son histoire, le vin s'éloigne du monde médical. Pire, il est stigmatisé et considéré désormais comme dangereux. Les moines le sacralisaient au Moyen Âge, voilà qu'il devient diabolique. Ce changement de mentalité, lié à une économie nouvelle dans laquelle la pharmacopée devient plus scientifique et chimique, s'ancre dans la société. En quelques années, le vin perd ainsi son aura médicinale.

Dans les années 1980, comme une dernière flamme, le phénomène du *French Paradox* tente de le sauver en cherchant à prouver ses bienfaits. Pour les Américains à l'origine de cette découverte, il y a ce mystère : pourquoi les Français peuvent-ils consommer autant de gras, comme du saucisson, tout en étant moins atteints par les maladies cardio-vasculaires ? Certes, le tableau est caricatural, mais il s'agit bien de cela. *A priori*, c'est dans la différence de comportement alimentaire entre les deux populations que réside la réponse. La consommation quotidienne de vin rouge serait susceptible de diminuer les risques de maladies coronariennes. Si cette théorie stimule les ventes de vins français aux États-Unis, elle est largement controversée par les pouvoirs de santé publique en France. Selon le *Wine Spectator*, revue américaine spécialisée dans le vin, la consommation de vin rouge français aux États-Unis a bondi de 39 % en 1992, après une émission sur la chaîne CBS consacrée au *French*

Paradox. L'enjeu n'est pas des moindres. Alliés depuis toujours, vin et santé sont devenus des concurrents cruels en très peu de temps.

En France, après le 10 janvier 1991, la loi Évin change la physionomie des lieux publics. « Interdit de fumer », « À consommer avec modération »: avec cette loi, tabac et vin, même combat. Concernant le vin, il s'agit de rappeler la sagesse de ce médecin du XVIe siècle, Paracelse : « C'est la dose qui fait le poison. »

Telle était la mission du ministre de la Santé, qui a mis deux ans à préparer son texte destiné à lutter contre les conséquences de ces deux « fléaux ». Concernant la cigarette, il n'y a guère eu de discussion. Par contre, la publicité à propos de l'alcool a été une source infinie de débats, notamment au Sénat. Le ministre avait tout à fait conscience de porter préjudice aux marques viticoles. Loin de désirer plaire aux producteurs, il avait pour objectif de faire baisser la consommation d'alcool, et donc de vin. Sa mission est largement accomplie. Il y a définitivement un avant et un après-loi Évin, les données chiffrées l'attestent. En 1960, en moyenne, les Français buvaient chacun 160 litres de vin par an, soit *grosso modo* trois bouteilles par semaine. En 2010, ils n'en buvaient plus que 46,7 litres, et en 2024, leur consommation annuelle est tombée à 22,5 litres. Celle du tabac a aussi chuté : un citoyen sur quatre fume tous les jours en 2022, contre 13 en 1990.

Le plus important reste l'impact sur la santé. Alors, quel bilan depuis le 10 janvier 1991 ? La mortalité due au cancer du poumon a diminué pour les hommes de 1,2% en moyenne par an depuis 1990, mais a augmenté de 3,5 % chez les femmes. Quant aux décès dus à l'alcoolémie, ils n'ont cessé de croître. En 2015, le nombre de décès attribuables à l'alcool s'élevait à 41 000 : 30 000 chez les hommes, 11 000 chez les femmes. Dix ans plus tard, il est de 49 000, alors que dans le même temps on observe toujours une diminution progressive de la consommation quotidienne d'alcool. Parallèlement ont augmenté les comportements d'alcoolisation ponctuelle importante souvent dans un contexte festif, chez les jeunes et les femmes.

Depuis la loi Évin, un changement fondamental a bien eu lieu au sein de la société française dans la perception du vin, considéré uniquement comme de l'alcool, et associé quasi naturellement à un autre fléau, le tabac. Si la loi a contribué à faire diminuer la consommation, elle n'a pas amélioré la santé publique. C'est que peut-être le combat était ailleurs. La date du 10 janvier 1991 est-elle vraiment irréversible ? Toujours est-il que le monde du vin a été touché en plein cœur et que, à la fin de l'année 2024, des milliers d'hectares de vignes étaient destinés à être arrachés…

LA COULEUR DU VIN N'EST PAS TOUJOURS CELLE QUE L'ON VOIT. DERRIÈRE SES TEINTES ÉCLATANTES, QUELLE EST LA VÉRITABLE ROBE D'UN VIN ? UNE SURPRENANTE EXPÉRIENCE MENÉE DANS LE BORDELAIS EN RÉVÈLE LES SECRETS.

LES COULEURS DU VIN

Novembre 1997. Frédéric Brochet a bien préparé son coup. Avec l'aide de ses mentors de thèse, Denis Dubourdieu et Gil Morrot, le chercheur en neurosciences a réuni dans une salle de la faculté d'œnologie de Talence, près de Bordeaux, 54 étudiants ayant pour point commun une bonne expérience de dégustation. Il leur distribue à chacun deux verres, contenant l'un un vin blanc et l'autre un vin rouge. Il leur demande de se concentrer pour les décrire, d'un point de vue d'abord olfactif, puis gustatif. Puis il leur sert de nouveau un verre de blanc (le même que celui de la première tournée) et un autre de rouge. En réalité, il s'agit du même blanc, teinté grâce à un colorant sans odeur ni saveur... Les jeunes dégustateurs se laissent piéger par la couleur : ils utilisent des termes correspondant à la description d'un vin rouge. Pour la première fois dans ce domaine sont mis en évidence de manière scientifique des phénomènes psychiques en corrélation avec les phénomènes neurobiologiques.

Plus d'un an auparavant, le 1er juillet 1996, Frédéric Brochet se trouvait dans le bureau de Denis Dubourdieu afin de discuter de son sujet de recherche. « Aucun indicateur moléculaire ne nous indique que tel élément soit lié à une couleur, regrettait-il. Pourquoi pense-t-on au cassis pour évoquer le vin rouge et au citron pour le blanc, par exemple ? » Tout en continuant leur discussion, les deux scientifiques s'étaient dirigés vers leur laboratoire. Ensemble, ils ont versé dans un verre du vin blanc auquel ils ont ajouté un colorant rouge. Ensemble, ils ont senti, et se sont regardés, ébahis : ils percevaient l'odeur d'un vin rouge, alors qu'ils savaient pertinemment qu'ils étaient en présence d'un blanc et que le colorant ajouté n'exhalait rien, ni odeur ni goût ! Qu'en serait-il donc s'ils reproduisaient cette expérience à plus grande échelle, sur des cobayes ?

En changeant la donne sur la compréhension des mécanismes physiologiques de la dégustation, l'expérience qu'ils ont ensuite effectivement menée est devenue culte au point qu'elle est désormais transmise dans tous les cours d'œnologie. Frédéric Brochet a pris une année entière pour mettre au point sa série d'expériences, notamment pour s'assurer que le colorant utilisé n'avait réellement aucun impact aromatique ou gustatif.

À partir de novembre 1997, Brochet prouve qu'on peut corréler les réactions du cerveau à la nature des vins dégustés, grâce à l'imagerie cérébrale. L'expérience, liée à l'origine à la couleur du vin, a alors donné naissance à une série d'autres sessions, afin notamment d'étudier l'effet de l'étiquette sur le cerveau et en conséquence sur la dégustation. Si les dégustateurs associent spontanément au vin rouge les descripteurs classiques des odeurs de fruits rouges et noirs, et au vin blanc les mots liés aux fruits jaunes et blancs, qu'en serait-il de l'influence d'une étiquette de grand cru quand en réalité on ne goûte qu'un vin de table ? La grande majorité des dégustateurs testés sont tombés dans la supercherie : l'idée du « biais de confirmation d'hypothèse » était lancée, mais il a fallu attendre 2001 pour que cette thèse soit publiée.

Que nous dit la couleur d'un vin ? Avant d'annoncer un indice de plaisir, et si bien entendu aucun piège n'a été tendu comme dans l'expérience imaginée par Frédéric Brochet, il correspond à toute une série de paramètres : son cépage ou son assemblage, son terroir, son élevage, son âge, etc. Certains plants sont ainsi plus clairs que d'autres : le cinsault à l'opposé du tannat noir, par exemple. Depuis la nuit des temps et pour qui sait la lire, la couleur du vin est un indice de sa qualité et de son origine. À Louxor, en Égypte, sur la célèbre fresque murale de la chambre funéraire du prince Khâemouaset, le quatrième fils de Ramsès II, une série de dessins illustre la culture de la vigne qui mène à une coupe où l'on devine du vin rouge. On en trouve dans bien d'autres chambres funéraires, sur les parois desquelles le vin apparaît toujours rouge. Mais plus encore que la couleur, c'est la lumière contenue dans cette boisson qui était honorée par les Égyptiens : ils considéraient le vin comme la « sueur de Rê », leur dieu solaire.

Si l'on pense aux origines du vin, boisson divine qui se serait substituée aux sacrifices humains ou animaux dans les rituels, on imagine qu'il a d'abord été rouge. En réalité, ses couleurs étaient forcément déjà multiples, ne serait-ce que par le processus plus empirique que maîtrisé de la macération des différentes variétés de raisins mélangés. L'un des premiers médecins de l'histoire, Claude Galien, un fils de sénateur romain né au IIe siècle après Jésus-Christ, était également un œnologue averti. En tant qu'érudit, il avait lu, entre autres, les ouvrages d'Hippocrate écrits six siècles auparavant. Mais en scientifique qui aime confronter ses théories à la pratique, il connaissait également bien la viticulture sur le terrain. D'autant que le vin appartenait à sa pharmacopée, comme d'ailleurs à celle de tout médecin pendant des siècles.

Grâce aux notes de Galien, on sait que le vin pouvait se décliner en toutes sortes de nuances, dont cinq étaient utilisées pour la médecine : du blanc au noir, en passant par le clairet, le rouge et le jaune. Mais la couleur qu'il préférait, pour son efficacité en tant que médicament, était le vin blanc sucré, résultant d'une garde de plusieurs années en milieu oxydatif, mais ayant évité la piqûre acétique. Ce vin pouvant aller jusqu'à des teintes ambrées soutenues voire très foncées provenait essentiellement de Chios, une île entre la Grèce et la Turquie, ou de Falerne, dans l'actuelle Italie du Sud, deux terroirs exceptionnels, selon Galien. On ne saura pas si la seule vue du vin servait de placebo au malade, selon la couleur utilisée pour le soin. Toujours est-il que la robe du vin agit d'une manière ou d'une autre sur l'imaginaire de son consommateur. C'est bien ce qu'a prouvé, des siècles plus tard, l'expérience de Frédéric Brochet.

Des personnes mal intentionnées peuvent donc modifier la robe du vin pour tromper les clients. Afin de protéger l'intégrité du vin, le législateur n'a cessé d'édicter des lois. En France, par exemple, Charles IV le Bel crée le 12 mars 1322, soit quelques semaines après son couronnement, la Compagnie des courtiers jurés-experts piqueurs de vins de Paris, qui existe toujours. Leur première règle est de ne pas mélanger des vins différents, suivie de bien d'autres : ne pas modifier l'appellation, la réglementation des prix, etc. Les courtiers (limités à 60) doivent être au moins deux pour travailler, et ils ont l'autorisation du roi de porter l'épée, la dague ou le gourdin. Ces protecteurs du vin sont si importants que, « lors du décès d'un juré crieur ou de sa femme, tous les membres de la confrérie, toutes leurs cloches sonnantes au-devant du convoi, accompagneront le trépassé de sa dernière demeure jusqu'au lieu de la sépulture. Ils seront vêtus de leur uniforme de confrérie et tout défaillant sera puni d'une demi-livre de cire au bénéfice de la confrérie ». Régulièrement, leurs droits sont rappelés officiellement par le roi de France. Par ordonnance, Louis XIII, en février 1613, se déclare même premier confrère de la Compagnie pour exprimer sa sympathie à l'égard des courtiers jurés, et il leur octroie des congés payés.

La place du vin est si ancrée dans la société qu'elle continue de faire l'objet de toutes les attentions, qu'elles soient juridiques, œnologiques ou médicinales. C'est avant tout par sa couleur que le vin reste catégorisé, ainsi qu'il continue d'être présenté sur les cartes des vins au restaurant. À la fin du XVIe siècle, dans son *Trésor de santé ou ménage de la vie humaine*, le médecin Jean Liébault classe les vins en blancs, noirs, rouges et clairets. Pour lui, ces couleurs correspondent aux quatre tempéraments humains (colérique, mélancolique, flegmatique et sanguin), aux quatre humeurs présentes dans le corps (le sang, la bile jaune, la bile noire et le phlegme), mais aussi aux quatre éléments constitutifs de l'univers : l'eau (le vin blanc), la terre (le vin noir), le feu (le vin rouge) et l'air (le clairet).

Jean Liébault écrit ainsi : « Le vin noir et fort rouge est de grosse substance et terrestre, [il] appesantit la personne, cause des obstructions de foie et de rate, dégoûte, engendre des crudités en l'estomac [...] il est de difficile concoction, engendre un sang épais, mélancolique, lequel se distribue tardivement. Dioscoride écrit qu'il engendre aussi des flatuosités. Mais ce type de vin a aussi quelques vertus. Une fois digéré par la force de l'estomac et du travail, il donne plus ferme et copieux aliment et rend l'homme plus vigoureux à la besogne. Il a cela de bon qu'il ne blesse le cerveau par ses fumées, et même il restreint le ventre s'il est lâche ».

La spectrométrie œnologique apparaît si nuancée qu'elle inspire inlassablement les scientifiques. En 1855, le Champenois Jules Salleron invente le vino-colorimètre, un appareil optique pour mesurer les couleurs du vin qui donnera naissance à bien d'autres instruments de mesure. Au départ, il s'agissait de juger de la qualité d'un vin en mesurant sa couleur et son éclat. Le degré chromatique d'un vin est déterminé en fonction des substances phénoliques, anthocyanes ou autres tanins, qu'il contient. Il est intéressant de constater que c'est d'abord pour ses couleurs que cet appareil a été inventé. Aujourd'hui, le colorimètre sert à la mesure qualitative de toute sorte de production industrielle, de la feuille de tabac à bien d'autres jus.

Le danger de tromperie prouvé scientifiquement par l'expérience neurologique de Frédéric Brochet est inhérent au monde du vin. Que cache la robe d'un vin ? De la lumière ! Celle du dieu Rê des Égyptiens, celle des poètes. Avant même qu'elle ne soit une couleur. « Un chant plein de lumière et de fraternité », selon Baudelaire dans *L'Âme du vin*. Les cinéastes qui en ont fait l'expérience l'affirment : le vin est photogénique grâce à sa lumière. Une eau colorée dans un verre ne donne rien à l'image, alors que la couleur d'un beau vin crève l'écran !

ÂGÉE DE 11 500 ANS, LA VIGNE
A TRAVERSÉ TOUS LES TEMPS,
CHAUDS OU FROIDS, FAISANT PREUVE
D'UNE RÉSILIENCE EXEMPLAIRE.
ELLE S'EST DIVERSIFIÉE ET RENFORCÉE.
LES CHALEURS DU XXIE SIÈCLE
POURRAIENT-ELLES MALGRÉ TOUT
MENACER SON EXISTENCE ?

VIN ET ÉVOLUTION CLIMATIQUE

5 août 2003. La vigne, qui a su s'adapter à tous les aléas climatiques depuis sa naissance il y a onze mille cinq cents ans, vit en France un jour noir. C'est le plus chaud relevé par le service de météorologie nationale depuis qu'il a commencé à mesurer systématiquement les températures en 1947. La canicule des jours suivants laisse les vignobles exsangues partout sur le territoire. Les journées des 10 et 12 août accélèrent la maturité des raisins, voire les sèchent sur place. Est-on parvenu à un cycle climatique qui ne permettra plus la culture de la vigne et l'élaboration du vin ? Toujours est-il que, depuis ce jour, la viticulture dans son ensemble ne cesse de se transformer à grande vitesse, car elle doit faire face à une accélération sans précédent du changement climatique.

L'été 2003 est inédit dans l'histoire du climat : sa canicule violente, qui s'étend sur deux semaines, est si sévère qu'elle engendre un vent de panique parmi les vignerons. Le mercure grimpe si haut qu'une mortalité humaine s'ensuit, jusqu'à 15 000 personnes en France en dix jours, ce qui n'a jamais été enregistré depuis la Libération.

Quelques exemples des températures intenses, ici et là, le 5 août : 46,0 °C à Vérargues (Hérault) et 45,9 °C à Gallargues-le-Montueux (Gard) ; en Île-de-France, 42,2 °C à Saint-Maur et 40,2 °C au Bourget. Le 12 août, la station météo de Paris-Montsouris enregistre la nuit la plus chaude depuis 1947 : 25,5 °C.

Comme les hommes, la végétation est en péril. Dès le mois de juin 2003, le sud de la France avait commencé à souffrir de pics de chaleur exceptionnels. Puis, en juillet et en août, c'est toute l'Europe occidentale qui est touchée. Dans le Languedoc et le Roussillon, les vendanges commencent donc le 6 août 2003. C'est le branle-bas de combat : les vignerons rentrent vite de vacances pour ceux qui s'étaient éloignés de leur vignoble, nettoient rapidement leur chai et leurs cuves, appellent de la main d'œuvre en renfort et organisent la récolte. L'urgence est absolue, car les sucres des raisins ont atteint de tels niveaux de concentration que l'alcool potentiel des vins pourrait afficher des records, à 16 ou 17 degrés, voire davantage.

Très vite, les autres vignobles imitent le Languedoc-Roussillon : le 15 août, le Beaujolais et la Bourgogne, puis la Champagne sonnent l'heure des vendanges, après le Rhône et la Provence. Les vignes sont à bout de force : soumises à la sécheresse depuis le milieu du printemps, elles ont subi aussi de violents coups de vent ou des orages de grêle dévastateurs. En septembre 2003, la vague de chaleur se poursuit, avec des températures quotidiennes comprises entre 28 °C et 30 °C. On voit même les cerisiers refleurir dans la région de Grenoble. Heureusement, les raisins sont désormais rentrés.

Cependant, la vinification de ce millésime extrême pousse les vignerons dans leurs retranchements. Comme la nature, ils doivent s'adapter. Biologiquement, une équation à inconnues est à résoudre : comment laisser agir des levures de fermentation lorsqu'elles sont menacées par un manque d'acidité ? Les déséquilibres physiologiques des fruits ne permettent pas le cours normal d'une fermentation.

Le millésime 2003 a ainsi révélé les meilleurs vignerons, ceux qui ont su faire face à ces variables biologiques pour mener à bien le processus d'une fermentation délicate. Finalement, les rendements ont été historiquement bas et les degrés d'alcool, historiquement élevés, mais le millésime est considéré comme plutôt réussi. Tel un ovni, avec des caractéristiques inédites : le pinot noir de Bourgogne, par exemple, révèle des notes poivrées de syrah plus méridionales. Les typicités des crus sont chamboulées, au point de remettre en cause les palais des dégustateurs dans leurs critères fondamentaux. Les vins se révèlent riches, opulents, avec de faibles acidités, néanmoins structurés. Beaucoup pensent qu'il faut les boire vite. Or, vingt ans plus tard, les quelques bouteilles qu'il reste de ce millésime sévère prouvent qu'elles ont pu affronter la garde sans problème. Les vignerons qui ont su s'adapter aux défis de l'année sont capables de conduire une vigne, quelles que soient les conditions, aussi extrêmes soient-elles.

Depuis le 5 août 2003, plus rien n'est comme avant : le changement climatique ne fait que s'accélérer, le phénomène qu'on a tenu pour une exception n'était qu'annonciateur de changements profonds. Au fil des années, les vagues de chaleur s'enchaînent, devenant de plus en plus intenses et bouleversant les acquis œnologiques et viticoles. Entre la décennie 1965-1974 et la décennie 2013-2022, la date moyenne des vendanges a avancé de vingt jours, et les vagues de chaleur en France, qui survenaient en moyenne un été sur cinq avant 1989, sont annuelles depuis l'an 2000. Enfin, le 25 juillet 2019 fut la journée la plus chaude jamais connue en France, en moyenne sur l'ensemble du territoire, devant celle du 5 août 2003. Il n'est plus question de continuer d'élaborer des vins comme si de rien n'était !

Partout, des stratégies d'adaptation à des températures plus élevées se mettent en place. Par exemple, certains vignerons changent le matériel végétal, aussi bien le type de porte-greffe que le cépage, pour qu'ils absorbent plus facilement une maturité plus tardive. Ainsi, en Alsace, un domaine pluricentenaire plante, à côté de ses rieslings et autres pinots noirs, dix hectares de syrah, un cépage sudiste, pour faire face aux incertitudes climatiques qui se multiplient. Les esprits s'ouvrent : ils ne se cantonnent plus aux cahiers des charges, devenus parfois obsolètes car soumis à une réglementation décidée sous des facteurs météorologiques d'antan.

Certaines pratiques viticoles également évoluent : le vignoble verdit entre les rangs grâce à la généralisation de l'enherbement, les densités de plantation changent en vue de moins faire souffrir la plante, la reforestation vise à prodiguer ombrage et fraîcheur, ainsi qu'une diversité de la faune et de la flore propice à la culture de la vigne.

Les processus œnologiques sont eux aussi modifiés. Face aux fermentations qui se compliquent du fait de la baisse d'acidité des raisins, il faut choisir des levures différentes, plus actives.

Enfin, ce sont les sites mêmes des vignobles qui mutent. Au sein des domaines, les vignerons arrachent des parcelles de plaine pour replanter de la vigne plus en altitude, ou sur des versants nord, ou en direction de la mer ou de l'océan, afin de trouver cette fraîcheur qui devient le facteur-clé du vignoble de l'avenir.

Les stigmates de la sécheresse de 2003 sont tels que la viticulture reste, à juste titre, traumatisée et en alerte permanente. Les régions du Sud sont particulièrement éprouvées : de plus en plus fréquemment les températures grimpent à 30 °C, voire 35 °C, lesquelles constituent un seuil thermique de stress extrême pour la vigne, compromettant son bon fonctionnement physiologique notamment en bloquant la maturation des fruits. Certes, il existe l'irrigation, mais si l'eau vient à manquer à l'avenir, cette solution coûteuse aura ses propres limites.

Alors, un décret européen de 2015 modifie le régime des droits de plantation à l'échelle de l'Europe. Il est désormais permis de planter des vignes à but commercial dans des régions historiquement non viticoles. Des vignobles font leur apparition dans des régions plus septentrionales : jusqu'en Europe du Nord, en Angleterre, en Suède, en Finlande ou au Danemark. En France, il en réapparaît dans la région parisienne, qui n'en avait plus connu depuis la crise du phylloxéra, au XIXe siècle. La Bretagne, traditionnellement plus célèbre pour ses cidres et son calvados, s'enorgueillit déjà de ses premiers vins, grâce aux conditions thermiques plus favorables.

Par ailleurs, depuis le millésime 2003, les amateurs de vin aussi sont en quête permanente de fraîcheur. Impossible de continuer de boire des rouges qui affichent des degrés trop élevés. En phase avec le bouleversement climatique qui accélère les besoins de leurs vignes comme ceux de leurs clients, les vignerons prennent l'habitude de s'adapter de plus en plus rapidement, eux aussi. Quand ils n'ont plus le temps d'arracher une vigne de cépage rouge ne correspondant plus à un marché qui leur réclame des vins blancs désaltérants, ils se mettent à élaborer de nouveaux produits aussi étonnants que l'évolution qu'ils affrontent. De plus en plus de blancs de noir (des vins élaborés à base de cépages qui donnent habituellement des vins rouges et qui sont pressés rapidement afin d'éviter que la peau ou la macération donne de la couleur au vin) voient le jour dans des territoires où le vin rouge a toujours régné.

Ainsi, à Cahors, non seulement du chardonnay ou du chenin, cépages blancs qui font la gloire de la

Bourgogne et de la Loire, sont de plus en plus plantés, mais aussi des blancs issus du malbec, cépage noir, sont proposés avec succès.

PENDANT LES FORTES CHALEURS ESTIVALES, LES TERROIRS FRANÇAIS SONT PARMI LES MOINS IRRIGUÉS D'EUROPE. JEAN FERRAT CHANTAIT QUE LA FEMME EST L'AVENIR DE L'HOMME. L'EAU EST-ELLE CELUI DU VIN ?

L'EAU, ENJEU DE DEMAIN ?

4 décembre 2006. Sans eau, pas de vin. Dans le milieu viticole, on affirme que, pour produire une certaine quantité de vin, le même volume d'eau est nécessaire pour nettoyer les chais, le matériel œnologique, etc. De même, la vigne, comme toute plante, a besoin d'eau, ni trop, ni trop peu, pour s'épanouir, faire grossir et mûrir ses fruits. Le changement climatique compromet cet équilibre à tel point que les professionnels réfléchissent à des solutions. Le stress hydrique se répand dans les vignobles, faisant considérablement baisser les rendements et mettant à mal les économies rurales, sans même parler de la qualité des productions.

Non sans âpres discussions, les vignerons français obtiennent, le 4 décembre 2006, un décret qui les autorise à irriguer leurs vignobles entre le 1er mai et le 15 août. Certains s'en réjouissent, surtout ceux du Sud, les plus touchés par une pluviométrie qui ne cesse de s'amenuiser, quand d'autres pensent que l'irrigation perturbe les caractéristiques identitaires des terroirs. Néanmoins, face au constat d'une chute de la productivité de la vigne depuis 2000, en raison de la faiblesse et de l'irrégularité des pluies (passées, en moyenne de 65 à 50 hectolitres par hectare), les réticences s'apaisent rapidement. Un autre décret, le 8 septembre 2017, prolonge l'autorisation d'irriguer après le 15 août. Cependant, jusqu'à quel point l'irrigation a-t-elle du sens pour une viticulture durable ?

Dans les pays du nouveau monde du vin, l'irrigation a souvent accompagné, voire permis, la création de vignobles. Israël apparaît ainsi comme un des modèles de la gestion de l'eau dans ses vignes, qui sont toutes irriguées grâce à un système rationnel de goutte-à-goutte. Hormis la France, qui reste stricte en la matière, les pays européens ont facilement adopté ce système, qui leur semble indispensable : l'Espagne irrigue plus d'un tiers de son vignoble ; l'Italie, plus d'un quart du sien. Dans l'Hexagone, ce système fluctue selon les cahiers des charges et les niveaux d'appellation ou de dénomination. Les débats restent vifs, entre ceux qui sont aux abois et ceux qui tentent de hiérarchiser les nécessités entre l'avenir du vin et l'avenir de l'eau. Pourquoi en effet transporter jusqu'aux vignes l'eau des rivières, dont le niveau baisse d'année en année ? La survie d'une vigne est-elle si importante quand on considère que le vin qu'elle produit est moins nécessaire que l'eau à l'avenir de l'humanité ? Où placer le curseur entre un entêtement coûteux et une adaptation de l'occupation humaine au climat ?

Il s'agit non pas d'arroser les vignes comme on arrose un jardin, mais d'imaginer un système d'apport maîtrisé qui contribue à réguler la circulation hydrique de la plante. Or, ce système onéreux (l'installation coûte entre 5 000 et 10 000 euros par hectare, selon l'éloignement de la source d'eau) n'est pas toujours possible, ni géographiquement ni économiquement. Ainsi, épuisé par la sécheresse, le vignoble du Roussillon, le plus méridional de l'Hexagone, s'éteint peu à peu : l'économie viticole n'y est, hélas, pas assez valorisée pour supporter le coût d'un tel équipement, et le manque d'eau est tel que cette solution ne relève pas du bon sens écologique.

Pourtant, la vigne, plante méditerranéenne comme l'olivier ou l'amandier, est naturellement résiliente à la chaleur. En quoi le changement climatique actuel est-il extrême au point qu'elle ne puisse plus s'y adapter et que sa survie soit mise en question ? Le cas du vignoble de Lanzarote, dans l'archipel des Canaries, avec ses vignes enroulées comme des nids au ras d'un sol de lave refroidie, est éloquent : le vin y est produit sans irrigation avec moins de 150 millimètres de pluie par an. C'est la preuve que des techniques et des gestes viticoles existent en réponse à un climat difficile. Mais cela nécessite un temps de recherche plus long que d'opter pour une solution immédiate comme l'irrigation. Même si celle-ci pose aussi un problème qualitatif : la plante arrosée qui n'a plus à se défendre en allant puiser en profondeur dans ses propres réserves hydriques perd certaines des substances qui en font la force et la qualité.

En 2023, l'irrigation ne concernait que 7 % du vignoble français, loin derrière les vignobles de l'Europe du Sud et du reste du monde (autour de 90 % au Chili, en Argentine, aux États-Unis, en Australie et en Afrique du Sud). Logiquement, dans le sud de la France, plus sec que le Nord, cette part est plus élevée : en Occitanie, 20 % du vignoble du Languedoc est irrigué ; en Provence-Alpes-Côte d'Azur, celui des Bouches-du-Rhône l'est pour moitié. Le fleuve est encore abondant, mais si son débit diminue de 30 % d'ici à 2050, comme les scientifiques le craignent, comment assurera-t-on l'avenir du vignoble ? L'irrigation apparaît alors comme une solution plus temporaire que pérenne.

« L'eau et le vin. Je veux l'eau et le vin. La pierre et le raisin. Je veux l'eau dans tes mains. Et le vin quand il convient », chantait Vanessa Paradis en 2000 dans un titre de son album *Bliss*, sur des paroles d'Alain Bashung. Ces mots résonnent vingt-cinq ans plus tard comme déjà d'un autre temps, car peut-être faudra-t-il bientôt choisir entre l'eau et le vin et l'être humain n'aura-t-il plus à se poser de questions sur la boisson qui convient.

Le lien entre ces deux liquides dépendants l'un de l'autre ne date pourtant pas d'hier : déjà en 1490, le *Débat du Vin et de l'Eau* faisait fureur. Cette longue ballade en vers de Pierre Jamec, imprimée par Jean du Pré, mettait en scène les personnages Eau et Vin, se défendant chacun des attaques de l'autre. La thématique est commune à au moins deux autres textes médiévaux connus, traitant bien sûr aussi de leur symbolique, entre pureté et profane.

Désormais, l'eau a pris l'avantage sur le vin. Au XXIe siècle, on ne boit plus du vin pour les mêmes raisons qu'autrefois, on peut même s'en passer pour vivre, ce qui n'a pas toujours été le cas. De l'Antiquité jusqu'au XIXe siècle, il était inconcevable de boire du vin sans y ajouter de l'eau. Au XIXe siècle, on a commencé à ne plus couper son vin avec de l'eau qu'à partir du deuxième service dans un repas. Puis, au XXe siècle, on a arrêté de couper son vin. Parallèlement, on a coupé aussi l'eau avec du vin jusqu'au début du XXe siècle, car alors le vin faisait office d'antiseptique. « Le vin est la plus hygiénique des boissons », avait écrit le chimiste Louis Pasteur, car l'eau potable était très rare. L'eau devenue saine, on n'a plus eu besoin de vin. Au cours du XXe siècle, la consommation d'eau se distingue de celle du vin : l'un et l'autre se séparent sans doute pour la première fois de l'histoire.

Les scientifiques soulignent que le vin contient 85% d'eau, non minérale, mais physiologique car elle provient du sol et de la plante. Le reste est composé de 11% à 15% d'alcool ainsi que d'acides et d'éléments minéraux (quelques grammes par litre) ; les tanins et les anthocyanes (les colorants naturels) proviennent essentiellement de la peau des raisins. Or, l'eau « végétale » contenue dans le vin est issue de la transformation d'une autre eau, venant soit du ciel par la pluie, soit du sol par les racines.

Finalement, l'eau, autrefois souvent à l'origine de contaminations et d'épidémies, devient à son tour la plus nécessaire et la plus hygiénique des boissons. Progressivement, ce n'est plus le vin qui arrose l'eau, mais l'eau qui arrose le vin : on met des glaçons dans son verre de vin pour atténuer sa teneur en alcool trop élevée (notamment lorsque la sécheresse a trop fortement concentré les sucres des raisins).

La question du mouillage, c'est-à-dire de l'ajout d'eau dans les cuves au moment de la vinification, se pose aussi sérieusement. Des négociants souhaitent que l'eau soit autorisée, dédiabolisée de l'univers du vin, pendant la fermentation. Si les adeptes de l'irrigation du vignoble ont fini par avoir gain de cause, ce n'est pas encore le cas de ceux qui se battent pour que l'eau soit utilisée dans l'élaboration du vin. Qui sait ce qu'il adviendra ? Puisque l'eau gagne du terrain…

La déconsommation mondiale de vin depuis le début du XXIe siècle marque un tournant civilisationnel : l'eau et le vin sont associés à de nouvelles symboliques. Jusqu'alors, boire du vin était un acte statufiant. Le vin reste présent dans certains rituels religieux, mais il n'a plus ailleurs ni la nécessité ni l'aura d'autrefois. Les classes populaires n'en ont plus besoin en soutien de leur travail physique, surtout parce que le vin a changé : de boisson à faible degré d'alcool considérée comme un fortifiant, il est devenu si chargé en alcool que l'ouvrier, à le boire pendant sa journée, s'endormirait plutôt que d'en être revigoré. Quant aux classes aisées, qui dégustaient des premiers et grands crus, elles se sont peu à peu détachées de ce marqueur social en adoptant de nouveaux modes de vie, plus sains. Boire sain fait désormais partie des codes de l'élégance. Les cultures biologique et biodynamique ont d'abord tenté de déculpabiliser les consommateurs grâce à des modes de production soucieux de l'environnement. Mais cela n'a pas permis d'endiguer la déconsommation, qui touche à présent tous les vins. Puis les campagnes Dry January et Sober October sont apparues dans nos sociétés, pour prévenir les dangers de l'alcool.

Le déclin mondial de la consommation du vin est estimé à environ 3% par an depuis 2021. En Chine, pays qui a découvert cette boisson à la fin des années 2000, elle a même diminué de 61,4% depuis 2018! Arrachage de vignes, faillites d'entreprises viticoles, la crise révèle un changement en profondeur. Et la lutte contre le changement climatique par l'irrigation apparaît comme un enjeu mineur face aux conséquences du changement sociétal.

Devenu anachronique, le vin ne trouve plus sa place pendant les déjeuners de plus en plus courts et de plus en plus solitaires. Sorti du quotidien, il demeure présent sur les tables de fête et de repas entre amis, mais là aussi, il est de plus en plus concurrencé par d'autres boissons issues de l'agro-alimentaire, sans alcool et plus sucrées.

Le vin en tant que boisson-totem appartient-il au passé? Il a déjà traversé tant de crises que l'on peut rester optimiste, et continuer d'observer son évolution qui suit depuis toujours celle de l'humanité.

QUAND UN MYSTÉRIEUX
COLLECTIONNEUR FAIT S'ENVOLER
LES ENCHÈRES À DES NIVEAUX
EXCEPTIONNELS, LE DOUTE FAIT
IRRUPTION DANS LES ESPRITS.
UN SCANDALE ET UNE ENQUÊTE
CHANGENT À JAMAIS LE MONDE DU VIN.

UN BIEN DE COLLECTION

25 avril 2008. À New York, une vente très attendue commence. Le commissaire-priseur John Kapon, propriétaire de la maison de commerce de détail et d'enchères Acker Merrall & Condit, ouvre la séance. Le programme est alléchant : des vins de Bourgogne parmi les plus prestigieux, que son ami Rudy Kurniawan met en vente. De nombreux lots proviennent des trois domaines phares du moment, ceux d'Armand Rousseau, de Georges Roumier et de Laurent Ponsot. L'un, notamment, est constitué de 97 bouteilles du grand cru clos-saint-denis de plusieurs millésimes, de 1945 à 1971 ; il vaut entre 440 000 et 602 000 dollars.

Cela fait quatre ans que l'homme d'affaires d'origine indonésienne Rudy Kurniawan connaît le commissaire-priseur Kapon. Ensemble, ils ont déjà fait quelques ventes exceptionnelles qui ont dynamisé de manière vertigineuse le marché des grands vins de Bourgogne dans le monde entier, avec par exemple une bouteille de La Tâche 1962 du domaine de la Romanée-Conti qui s'est envolée pour 13 000 dollars. À tel point que Kurniawan est désormais surnommé Docteur Conti. Âgé de 32 ans en 2008, il compte déjà parmi les plus célèbres experts en œnologie et collectionne les vins les plus rares. Son parcours, romanesque et hors du commun, intrigue autant qu'il impressionne. À seulement 24 ans, Zhen Wang Huang s'est introduit habilement dans les réseaux les plus fermés des collectionneurs de flacons d'exception, en se présentant comme un riche héritier indonésien sous ce nom de Rudy Kurniawan.

Deux ans avant ces enchères d'avril 2008, John Kapon et lui ont pulvérisé tous les records avec une vente de 35 millions de dollars, en deux temps en janvier et octobre 2006, avec un catalogue de trésors : des Château Mouton-Rothschild 1945 (adjugés à 155 350 dollars la bouteille), des dizaines de vieux millésimes de chambolle-musigny (1962, 1964, 1966), des montrachet, des Petrus 1920 et 1947, des romanée-conti bien sûr, dont un mathusalem 1971 parti à 85 000 dollars. Uniquement des noms de rêve, des bouteilles mythiques, des vins qui déchaînent l'envie et les passions. Cette vente de 2006 reste dans les annales : elle a rapporté 20 millions de dollars.

Rudy Kurniawan adopte un train de vie en conséquence, dans une générosité extravagante qui finalement commence à intriguer certains spécialistes. La puce à l'oreille, l'avocat américain Douglas Barzelay, également collectionneur de vins rares, organise au mois de janvier 2007 une dégustation de 15 millésimes du domaine Georges Roumier, parmi les plus recherchés, vendus par Kurniawan auprès de la maison Acker Merrall & Condit. Craignant qu'il ne s'agisse de faux vins, l'avocat a réuni quelques experts, parmi lesquels le vigneron du domaine, Christophe Roumier, et le célèbre critique américain Allen Meadows. À la fin de la dégustation, tous pensent qu'ils ont affaire à des faux. Mais comment réussir à le prouver ?

À l'annonce de la vente d'avril 2008, le doute est donc instillé dans l'esprit de plusieurs des acheteurs potentiels. Pris d'un soupçon concernant des bouteilles de Clos de la Roche 1945 inscrites au catalogue du jour, Douglas Barzelay ne manque pas de contacter Laurent Ponsot. Le verdict du vigneron est sans appel : ce millésime 45 n'a jamais existé car son domaine n'a commencé à produire ce cru qu'à partir de 1982. Furieux de ce qu'il vient d'apprendre, il appelle le responsable, deux jours avant la vente, afin de lui faire retirer ce lot de bouteilles forcément fausses. Au téléphone, John Kapon ne se démonte pas et soutient qu'elles sont authentiques. Comment le pourraient-elles puisque le domaine Ponsot n'existe pas dans les millésimes affichés ? Le vigneron éclate de fureur.

Dans le restaurant où se tient la vente, en avril 2008, la tension est bien palpable parmi les acheteurs, partagés entre le désir d'acquérir ces flacons de prestige mis à l'encan et le doute qui se répand de bouche à oreille. Les enchères s'ouvrent, les bouteilles se vendent à des prix stratosphériques, lorsqu'un invité surprise débarque et s'installe parmi les acheteurs. John Kapon le repère aussitôt : il reconnaît Laurent Ponsot qui l'a appelé la veille. Aussitôt raccroché, le vigneron, survolté par leur conversation, a sauté dans le premier avion pour New York. Le commissaire-priseur ne se démonte toujours pas, et plutôt que de poursuivre sa vente avec les bouteilles prévues, les clos saint-denis grand cru de chez Ponsot, il annonce qu'elles en sont retirées, en accord avec leur propriétaire. Puis il reprend le cours avec les autres flacons prévus.

À la fin de la vente, Laurent Ponsot se précipite sur Kapon : il veut savoir qui a mis aux enchères ces bouteilles prétendument de chez lui. Mais il n'obtient aucune réponse claire, seulement un rendez-vous pour un déjeuner le lendemain. John Kapon lui présente alors Rudy Kurniawan, et l'entrevue se révèle étonnamment sympathique. Le vigneron veut savoir où le jeune homme, qu'il n'a jamais rencontré auparavant, s'est procuré ces fausses bouteilles. La réponse reste énigmatique. Le jeune collectionneur raconte qu'il achète tant de vins qu'il ne peut se souvenir de tous ses vendeurs, mais il promet de regarder dans ses registres d'achats. Dès lors, Laurent Ponsot se lance dans une enquête d'une ampleur inédite, relayée par le FBI, qui va durer plusieurs années.

Cette vente new-yorkaise de 2008 marque le début de la plus énorme affaire de faussaire du monde en matière de vins rares. En septembre 2009, le milliardaire Bill Koch, sportif, homme d'affaires et grand amateur de vins d'exception, porte plainte contre Rudy Kurniawan, dont il dénonce lui aussi l'activité frauduleuse en même temps qu'il révèle sa véritable identité, Zhen Wang Huang.

L'enquête met du temps à aboutir, mais au matin du 8 mars 2012, le FBI arrête le faussaire dans sa villa d'Arcadia, une banlieue résidentielle de Los Angeles. Des bouteilles vides, des étiquettes contrefaites par milliers, de la cire pour orner les cols des flacons, des sacs de bouchons en liège : toutes les pièces à conviction sont là pour révéler la supercherie. Une longue enquête est pourtant encore nécessaire avant que Rudy Kurniawan soit condamné, le 7 août 2014. Dix ans de prison et 28,5 millions de dollars de dédommagement à ses victimes ne lui auront toutefois pas suffi, semble-t-il : aux dernières nouvelles, le faussaire aurait repris ses activités de plus belle, avec de la fierté en plus. Cette fois, il vend de vraies bouteilles emplies de faux vin, et ça marche.

C'est que le vin rend fou. Toucher du doigt une bouteille rare, un cru d'exception ancien, boire un verre d'un vin mythique, tout cela relève d'un rêve qui engendre les plus grands égarements chez les collectionneurs, quand bien même le vin serait faux dans une bouteille authentique. L'affaire Kurniawan a révélé ce délire, en même temps qu'il a accompagné, et sans doute encouragé, une spéculation sans précédent dans le monde du vin.

Depuis, tous les domaines prestigieux tentent de trouver des parades pour prévenir les contrefaçons, comme si leurs bouteilles étaient des billets de banque, notamment avec des numéros en filigrane sur les parois des bouteilles. Certains exigent même des restaurants qui sont leurs clients de les casser après qu'elles ont été consommées, afin qu'elles ne puissent pas être réutilisées. Le marché noir des bouteilles vides reste néanmoins vif : le flacon vide d'un vin rare se vend plusieurs dizaines d'euros. D'autres domaines viticoles interdisent à leurs clients de revendre les bouteilles qu'ils acquièrent, arguant du fait que leur liste de clients est bâtie sur la confiance et que celle-ci ne saurait être transmise.

Certains restaurants ou cavistes se sont vus privés de leur allocation auprès du Domaine de la Romanée-Conti, pour ne citer qu'un exemple, parce qu'ils avaient malgré tout vendu un flacon à emporter, et non sur table, sans en avoir l'autorisation. À un certain niveau de prestige, le vin ne relève plus de la marchandise mais de la confiance.

Tel est le revers de la médaille : même s'il a toujours été lié à la représentation sociale, le vin a basculé progressivement au cours de son histoire, perdant sa fonction alimentaire pour devenir un article de luxe au même titre qu'une œuvre d'art ou un bijou. La bulle spéculative touche désormais tous les vins de prestige du monde, même si la Bourgogne bat à chaque vente tous les records, notamment en raison des petites quantités qui y sont produites : elles confèrent à ses grands crus une rareté qui explique les prix exorbitants qu'ils atteignent. La taille des domaines bourguignons est sans commune mesure avec les propriétés bordelaises. Les côtes de Nuits et les côtes de Beaune ensemble forment l'équivalent du seul vignoble de Saint-Émilion ! Généralement, les ventes de bourgognes se font à la bouteille, quand elles se font en caisses pour les vins bordelais.

Bien qu'elle fluctue, la spéculation sur le marché des vins fins ne se dément pas, jusqu'à parfois devenir incontrôlable. Certains collectionneurs choisissent d'investir dans le vin comme d'autres investissent dans l'immobilier, tant la cote est fiable. Il n'est alors même plus question de qualité intrinsèque du vin : c'est sa rareté qui fait sa valeur. Quand le Cac 40 baisse, le marché des vins d'exception continue d'augmenter. Des bouteilles achetées à un prix à quatre chiffres ont une valeur à cinq chiffres très peu d'années après leur acquisition, quand ce n'est pas quelques mois. Le gain sur ces flacons qui peuvent doubler très facilement n'a aucun équivalent, même dans le monde de l'art en ce qui concerne les œuvres les plus recherchées. On comprend alors les dérives de Rudy Kurniawan et le développement continu d'un marché parallèle.

FACE À DES CONDITIONS
CLIMATIQUES DE PLUS EN PLUS
DANGEREUSES POUR ELLE,
LA VIGNE NE CESSE DE S'ADAPTER.
ENCORE FAUT-IL QUE LA LÉGISLATION
L'ENCOURAGE À LE FAIRE...

VERS DE NOUVEAUX TERRITOIRES

1er janvier 2016. Un nouvel horizon s'ouvre au monde la viticulture : l'Union européenne lui accorde de nouveaux droits de plantation. Tout à coup, l'imagination s'ouvre à de nouveaux projets, de nouveaux territoires de vignes, de nouvelles identités de vins. Comme s'il n'y en avait pas assez ! En réalité, voilà un moment que certains vignobles anciens souffrent et que d'autres attendent d'être créés. Depuis presque dix ans, les pays européens discutent âprement de ce sujet devenu vif à cause du changement climatique qui modifie les rendements, les vinifications, les goûts et les taux d'alcool, entre autres. De plus en plus soumises à la sécheresse et à la violence climatique en général, avec notamment des changements subits de température, certaines zones du Sud sont exsangues, quand d'autres, plus au nord, y voient une aubaine.

Pendant longtemps, la France fait partie des pays qui s'opposent à la libéralisation des droits de plantation, craignant une concurrence supplémentaire. Mais au sein même de son territoire, les avis divergent pendant une dizaine d'années, avant de s'accorder enfin. Grâce à l'entrée en vigueur de la directive européenne du 1er janvier 2016, les vignobles peuvent entrer en mouvement : certains montent en altitude, d'autres en latitude, à la recherche d'un climat plus frais et plus serein.

En France, la surface plantée en vignes peut s'accroître de 1 % chaque année, soit de quelque 8 000 hectares, à répartir sur le territoire, sans restriction géographique. Qu'il s'agisse d'expérimentations ou de renaissances, les projets ne sont plus rejetés, mais bienvenus, car ils sont désormais reconnus comme adaptés au changement d'ère.

En réalité, depuis 2016, tous les droits de plantation n'ont pas été utilisés, mais beaucoup ont contribué à modifier certains paysages, comme dans les Hauts-de-France et l'Île-de-France. C'est toutefois surtout la Bretagne qui a bénéficié de cet engouement, au point qu'elle est même considérée comme une région viticole. Face à l'enthousiasme suscité par la libéralisation des plantations et à la reconnaissance qualitative des premiers vins produits, certains lycées agricoles y ont ouvert des sections spécialisées dans la viticulture. L'exemple d'Édouard Cazals, le premier vigneron officiel de Bretagne, a suscité des vocations. Sur un beau coteau à quelques kilomètres de Saint-Malo, le jeune homme a planté en 2019 deux hectares de pinot noir, de chardonnay et de grolleau. Ses premières bouteilles de rouge, de blanc et même d'effervescent se sont si bien commercialisées qu'il a déjà doublé la superficie de son vignoble. Au mois de janvier 2024, il est élu découverte de l'année par *La Revue du vin de France*, une consécration inimaginable dix ans auparavant pour cette région alors sans vigne ni vin.

Qui aurait parié sur la réussite d'un domaine situé sur un néo-territoire de vin plutôt que sur un terroir historique ? Certes, le vignoble breton reste un mouchoir de poche, une centaine d'hectares, soit quatre fois moins que le vignoble de Volnay en Bourgogne, par exemple, mais il s'impose comme un modèle d'entreprise courageuse en même temps qu'un laboratoire de recherche et de développement face au changement climatique. En soixante ans, les températures ont augmenté de 1 °C, favorisant les conditions nécessaires à l'épanouissement de la vigne. Dans le sud du Morbihan, il s'agit même d'une croissance de 1,1 °C, qui confère de l'espoir aux projets viticoles bretons. Alors, pourquoi s'en priver ?

Pionnière en matière d'explorations viticoles, la Grande-Bretagne, moins enfermée que la France dans un historique coercitif, a largement été une source d'inspiration pour ces nouveaux territoires.

En 2021, elle compte quelque 3200 hectares de vigne, que se partagent plus de 650 domaines. Pour comparaison: cette superficie est bien plus modeste que le seul vignoble chablisien, qui s'étend sur plus de 5000 hectares. Malgré tout, pour un pays qui n'avait quasiment aucun vignoble en 2004, la Grande-Bretagne est un modèle d'adaptation fulgurante.

La prise de conscience de l'impact du changement climatique est récente dans le monde du vin: elle date justement du début des années 2000. Élaborés essentiellement au Pays de Galles et en Angleterre, les vins anglo-saxons, à 90% blancs, résultent de questionnements qui ont su trouver des réponses adéquates. Car les effervescents britanniques notamment comptent désormais sur le marché international, au point que plusieurs vignerons français de Champagne n'ont pas hésité à investir dans ce vignoble d'outre-Manche, considérant que ses terroirs valent la peine d'être cultivés. Non seulement le climat y devient favorable à la viticulture, mais encore ses sols calcaires, très proches de ceux de Champagne, sont idéaux pour produire des vins effervescents de qualité. Chardonnay, pinot noir, pinot meunier, bacchus et seyval se sont imposés comme les cinq cépages phares de ce nouveau territoire viticole.

Avec l'impact du changement climatique sur l'agriculture en général, l'exploration de nouveaux territoires à cultiver relève ainsi d'un enjeu civilisationnel. Depuis son origine, la vigne ne cesse de se déplacer d'est en ouest. En France, on ne peut pas être plus à l'ouest qu'en Bretagne. En Europe, on ne peut pas être plus à l'ouest qu'en Grande-Bretagne (si elle n'en fait plus partie politiquement, elle y figure toujours géographiquement). Mais tout en maintenant cette trajectoire, le vignoble se dirige également de plus en plus vers le nord, où le régime des températures, l'abondance du rayonnement et la disponibilité en eau lui conviennent.

Comment trouver une terre vierge propice à la vigne ? Selon quels critères ? Lorsque la Chine s'est mise à vouloir produire du vin à la fin du XXe siècle, elle a d'abord désigné ses meilleures terres de maraîchage, avant de comprendre que les facteurs de fertilité pour des légumes ne sont pas les mêmes que pour une plante pérenne comme la vigne. Une terre pauvre, de préférence en coteau, idéalement orientée, est plus bénéfique à la vigne qu'à une autre culture. Et puis, mille paramètres entrent en jeu selon le vin recherché, évidemment : le cépage, la précocité, la vigueur, etc. Surtout, il ne faut jamais oublier que la vigne est une culture comme une autre qui doit s'avérer rentable, sinon elle ne sera pas viable longtemps. Comme toute entreprise, les nouveaux domaines les plus septentrionaux savent à quoi s'en tenir : il ne suffit pas de défrayer la chronique un instant, il faut savoir durer pour imposer la qualité de son terroir sur l'atlas des vignobles du monde.

Forts d'un climat qui semble tourner à leur avantage, les pays les plus au nord se lancent dans l'aventure viticole après l'encouragement européen de 2016. Le Danemark, par exemple, qui a déjà commencé quelques expérimentations grâce à la légalisation de sa production nationale, dès 1999. Il s'agissait alors d'un tout petit vignoble d'à peine 100 hectares. Mais dès le feu vert de l'UE, le vin danois entre dans la danse du marché. Plusieurs petits vignobles, notamment dans le Jutland et le Lolland, voient le jour, plantés de cépages essentiellement allemands, adaptés aux conditions climatiques les plus septentrionales de cette plante, loin de sa Méditerranée d'origine. Un centre de recherche gouvernemental est aussi créé, afin d'étudier les conditions locales d'implantation.

De même, la viticulture suédoise se développe tranquillement, mais gagne peu à peu en notoriété, grâce à des vignerons passionnés. Formés pour la plupart aux techniques viticoles en France, ils mettent en œuvre des méthodes innovantes afin d'adapter au mieux la vigne à des conditions inconnues d'elle. Ils expérimentent notamment des cépages résistants.

Les résultats surprennent les plus aguerris des dégustateurs, prouvant que la vigne, mue par la survie de son espèce, peut se prolonger à l'infini, s'adapter ainsi qu'elle le fait depuis sa naissance. Absolument ignorée d'elle jusqu'alors, la Suède fait partie de son nouveau territoire, allant jusqu'à proposer des vins fins étonnants et prometteurs. Sur une centaine de domaines créés dans le premier quart du XXIe siècle, une bonne quarantaine peuvent prétendre à une commercialisation professionnelle de leurs vins, les autres gardant à la viticulture un statut d'activité de loisir, même si elle est l'œuvre d'amateurs très éclairés. En si peu d'années, l'œnotourisme suédois prend forme, encourageant cette nouvelle culture à long terme.

On peut citer un autre pays plus étonnant encore sur la nouvelle carte des vins du monde, bien qu'anecdotique jusqu'à présent, car les écarts de température y sont trop amples pour favoriser une viticulture sans risque économique: la Lettonie. À titre expérimental, un domaine y a planté plusieurs dizaines de cépages, et produit un peu de vin à base de raisin, tout en faisant monter en puissance une proposition œnotouristique prospère. Preuve que l'idée véhiculée par le vin n'est pas seulement celle d'une boisson, mais également celle d'un art de vivre, désiré par de nouveaux pays.

Quand elle n'est plus bien quelque part, pour des raisons politiques, économiques ou climatiques, la vigne trouve donc refuge ailleurs. Au sein même de ses territoires exploités depuis longtemps, elle parvient aussi à trouver une nouvelle place quand un site l'abandonne. Dans le Sud-Est français, le Roussillon, par exemple, où les chaleurs sont telles qu'elle est mise en péril, la vigne gagne un peu plus sur les hauteurs, exposées vers le nord plutôt que vers le sud. Entre elle et le vigneron qui l'exploite et prend soin d'elle, une échappatoire se dessine, en adhésion avec la célèbre phrase du naturaliste britannique Charles Darwin: « Les espèces qui survivent ne sont pas les espèces les plus fortes, ni les plus intelligentes, mais celles qui s'adaptent le mieux aux changements. »

LES ASSIETTES CONTEMPORAINES
S'ALLÈGENT EN SUCRE ;
LES VINS LIQUOREUX ET MOELLEUX
EN FONT LES FRAIS. L'ÉVOLUTION
DE LA CULTURE DU CHENIN, CÉPAGE
AUX MULTIPLES FACETTES GUSTATIVES,
RÉSUME CETTE NOUVELLE TENDANCE.

UN CONGRÈS POUR LE SUCRE

1er juillet 2019. À l'initiative d'une poignée de vignerons du bassin de la Loire se s'ouvre à Angers le premier Congrès international du chenin. Ce cépage blanc polymorphe entre tous possède des caractéristiques uniques : il peut se présenter sec, moelleux ou liquoreux, naturellement, selon la climatologie du millésime. Essentiellement cultivé dans la Loire, le chenin est souvent chaptalisé : quand il manque de sucre, les vignerons en ajoutent afin de répondre aux cahiers des charges des appellations (telles Savennières ou Quarts-de-Chaume), rédigés à une époque où le sucre était davantage en odeur de sainteté. Le chenin se retrouve ainsi au cœur de la problématique contemporaine du sucre : faut-il répondre aux exigences législatives ou, au contraire, laisser le vin tel qu'il se présente naturellement même s'il manque de sucre, quitte à ne plus bénéficier de son appellation ?

Ce n'est là qu'une des interrogations au cœur des débats, conférences, tables rondes et rencontres scientifiques de ces trois jours d'un congrès qui rassemble une centaine de professionnels inquiets des défis environnementaux, climatiques, économiques, sociétaux et culturels compromettant la diversité d'expression du chenin. Assistent-ils à la mort annoncée du goût sucré dans le monde du vin ? Victime de la crise des moelleux et liquoreux, le chenin a déjà vu ses surfaces en France se réduire de 7000 hectares entre 1960 et 1980. Dans le monde, la superficie plantée de ce cépage est passée de 65000 hectares en 1990 à 37000 hectares en l'espace de quarante ans !

Le vigneron ligérien Patrick Baudouin, qui fait partie des lanceurs d'alerte sur les problématiques du chenin sur son territoire, a sa petite idée. Quand tous ses voisins chaptalisent le leur pour obtenir des liquoreux parce qu'une année trop pluvieuse comme 1994 n'a pas favorisé la concentration de sucre dans les raisins, il décide d'arrêter d'agir contre la nature du millésime. Il a pris conscience du fait que les cahiers des charges des liquoreux, comme celui de son coteaux-du-layon, ne sont plus toujours en phase avec la réalité du terrain : l'appellation exige du vigneron de dénaturer le vin pour le faire entrer dans une case.

Selon Patrick Baudouin, il faut donc respecter non ces cahiers des charges obsolètes mais le lieu, qui donne tantôt un chenin sec, tantôt un chenin moelleux ou liquoreux, selon le temps qu'il a fait. Sa philosophie rencontrant un certain succès commercial – ses vins authentiques plaisent et surtout se vendent –, il s'est lancé dans la bataille, faisant en sorte de convaincre les autres vignerons de produire des vins différents selon les millésimes, plutôt que d'en transformer le goût pour plaire au marché.

Pourquoi des vins issus d'une vigne de Quarts-de-Chaume devraient-ils être rétrogradés en appellation Anjou quand leur taux de sucre n'est pas conforme à celui d'un liquoreux ? Avec le chenin, cépage versatile entre tous, se pose une question beaucoup plus large : le vigneron est-il contraint de produire des vins pour plaire ? Le congrès d'Angers contribue largement à faire bouger les lignes, à permettre à l'histoire du monde viticole de prendre d'autres voies que celles qu'elle maintient machinalement.

Par sa nature polymorphe, le chenin est un sujet d'étude particulièrement intéressant. Sur les 9000 hectares de ce cépage plantés en France, 8500 le sont dans la Loire, entre Amboise et Ingrandes-le-Fresne-sur-Loire, qui fut la frontière entre la France et la Bretagne. Il y est cultivé depuis plusieurs siècles, pour fournir divers types de vins blancs. L'historien Benoît Musset cite ainsi un texte de 1583, qui les décrit comme « quasi tous blancs et doux pour la plus grande part », ce qui était rare à cette époque où les blancs étaient plutôt légers et acides. Au cours du temps, le chenin a imposé son écosystème original.

Progressivement, les vignerons ont préféré compenser le manque de sucre de certaines années par la chaptalisation plutôt que de respecter les différences de goût de certains millésimes. La question de la typicité se pose alors. Selon certains, il existe de nombreuses façons d'exprimer la vérité de la terre, la typicité résiderait donc dans ces variations. En revanche, selon d'autres, il faudrait que cette typicité soit chaque année identique pour correspondre au goût du consommateur. Le débat n'est pas facile à trancher, car dans un cas la diversité du vin n'est pas toujours aisée à commercialiser, dans l'autre cas le goût se réduit forcément en se simplifiant, au risque de s'uniformiser, mais avec l'avantage de rassurer le consommateur qui retrouve ce qu'il connaît.

Cet enjeu économique soulève une série de questions complexes. Commençons par le début : la vinification d'un vin d'appellation repose sur le respect des caractéristiques distinctives de son raisin. Tout ce qui viendrait s'y ajouter, comme le sucre, risquerait de perturber le terroir qui l'a fait naître. Un adjuvant, quel qu'il soit, ne vient que pour corriger ou améliorer une anomalie ponctuelle si l'on veut respecter l'expression du terroir, mais aussi le consommateur, en lui témoignant fidèlement les conditions d'une origine. Mais il s'agit là d'une théorie difficile à appliquer, si bien que les professionnels optent plus souvent pour une vinification confortable que pour des risques techniques ou commerciaux.

Car le sucre n'est plus en odeur de sainteté sur les tables contemporaines, et les vins se font de plus en plus secs. Il n'est qu'à voir l'évolution du goût du champagne, qui va toujours plus vers du brut ou de l'extra-brut (sans aucun ajout de sucre). Si les moelleux (qui contiennent de 12,1 à 50 grammes de sucre par litre) et les liquoreux (au-delà de 50 grammes de sucre par litre) sont en perte de vitesse, c'est peut-être aussi parce que trop souvent les vignerons ont favorisé l'ajout de sucre. Or, celui-ci ne s'intègre pas toujours bien dans la cohérence des saveurs, là où la présence naturelle du sucre dans le vin engendre un goût plus harmonieux. Le consommateur n'est pas dupe de cette différence, même s'il ne la fait pas consciemment. Si la présence de sucre n'apporte pas au vin un goût plus raffiné, pourquoi acheter une bouteille qui en contient trop quand il représente, entre autres, un apport non négligeable de calories ?

Le taux de sucre d'un vin provient d'abord des raisins, riches en fructose et en glucose issus de la photosynthèse, ensuite éventuellement de sucre ajouté. Tout au long de sa maturation, le raisin accumule des sucres dont la teneur finale varie selon plusieurs facteurs, parmi lesquels le cépage. Ainsi, le pinot noir mûr apparaît parmi les moins sucrés des raisins : au maximum 220 grammes de sucre par litre de jus, quand le muscat peut en contenir jusqu'à 400 grammes par litre. Lorsqu'il est parvenu à une belle maturité, le chenin, lui, peut afficher jusqu'à 300 grammes de sucre par litre.

Grâce à la fermentation alcoolique, ce taux de sucre est transformé en alcool, sachant que 16,83 grammes de sucre par litre produit 1 degré d'alcool. Quand le jus de raisin contient donc 200 grammes de sucre par litre, il devient un vin à 11,5 degrés d'alcool. C'est la raison pour laquelle la date de la vendange est si décisive dans la qualité du produit final. Le vigneron doit s'assurer que ses raisins ont atteint le bon équilibre. Passé le moment propice, il sera trop tard, il faudra corriger les déséquilibres dans les cuves. Le changement climatique a tendance à accélérer la maturité des raisins et à perturber la balance entre les éléments. Dans les années 1980, la moyenne des taux d'alcool dans les vins était de 11 degrés; elle atteint davantage 15 ou 16 degrés dans le premier quart du XXIe siècle.

À partir de la question du sucre, le Congrès international du chenin de 2019 balaie en fait toutes les problématiques actuelles du vin de qualité. Il pose certes plus de questions qu'il n'en résout, mais permet au moins aux acteurs du secteur de se rassembler. Du 1er au 3 novembre 2022, une deuxième édition est organisée, cette fois à Stellenbosch, en Afrique du Sud, premier pays producteur de chenin au monde (30 % de son vignoble, soit une superficie de 26 000 hectares). Il y est appelé *steen* et est utilisé jusqu'à présent pour produire de gros volumes de vins blancs bon marché.

Grâce à ces premiers congrès, la recherche d'une exploitation plus qualitative est encouragée. Ken Forrester, l'un des vignerons sud-africains les plus représentatifs de cette tendance, est devenu le président de l'Association du chenin blanc d'Afrique du Sud. Depuis Le Cap où il cultive son vignoble, il résume : « On pourrait dire que le chenin blanc parle une langue – parfaitement certes, mais aussi avec toutes les variations de dialectes et d'accents de cette langue, du nord au sud, de l'ouest à l'est. » En 2022, à Stellenbosch, les professionnels prennent conscience de la diversité du chenin en dégustant ceux élaborés dans le monde entier : en Allemagne, en Argentine, au Chili, aux États-Unis, en Australie ou en Nouvelle-Zélande. Effervescent, tranquille, sec, moelleux ou liquoreux, le chenin retrouve peu à peu du crédit aux yeux des consommateurs, grâce aux efforts récents de ses cultivateurs, symbolisés par les conférences internationales dont il a fait l'objet.

Désormais, il existe une voie élégante, voire fraîche et équilibrée, pour le sucre, s'il est bien appréhendé et travaillé. Cette réflexion menée sur ce cépage irrigue les vins qui comportent un taux de sucre important : sauternes, monbazillac et autres rivesaltes.

UN PAYS SANS VIGNOBLE.
UN CONCOURS MONDIAL.
UNE VICTOIRE INATTENDUE.
COMMENT UN LETTON, INCONNU
DU GRAND PUBLIC, EST-IL DEVENU
L'HOMME QUI A FAIT ENTRER
LA BALTIQUE DANS L'HISTOIRE DU VIN ?

UN MEILLEUR SOMMELIER DU MONDE EN LETTONIE

12 février 2023. La finale du concours du meilleur sommelier du monde a lieu en France, pour la deuxième fois seulement depuis sa création en 1969, par l'Association de la sommellerie internationale (Asi). L'événement est co-organisé par l'Union de la sommellerie française (UDSF). Pas moins de 3500 professionnels du vin du monde entier sont réunis dans la plus grande salle de l'Ouest parisien, La Défense Arena, sans compter les journalistes français et étrangers de presse écrite, de télévision et de radio, ni le public venu assister à cette compétition comme à un spectacle. Parce qu'un meilleur sommelier du monde est devenu aussi célèbre qu'une star du football international, l'événement a pris une ampleur médiatique inédite. Qui remportera le titre ?

À l'issue d'une semaine d'épreuves, il ne reste en lice que trois lauréats. La favorite est la Danoise Nina Jensen, et il serait extraordinaire qu'une femme atteigne enfin cette reconnaissance internationale dans un métier encore largement masculin. Puis il y a Reeze Choi, qui représente l'immense marché du vin qu'est devenu son pays, la Chine. Enfin, le Letton Raimonds Tomsons, déjà meilleur sommelier d'Europe, est assuré de monter de nouveau sur le podium. Trois ans auparavant (puisque ce concours n'a lieu que tous les trois ans), en Belgique, il avait obtenu la troisième place. Comment va-t-il gérer son stress cette fois-ci ? Aucun de ces pays – Danemark, Chine, Lettonie – n'a jamais gagné ce concours. Quant à la Française, Pascaline Lepeltier, elle n'est parvenue qu'à la quatrième place : elle a, hélas, été éliminée la veille lors de la demi-finale, à l'hôtel Pullman Montparnasse. La France, qui se considère comme le berceau de la culture du vin, accuse le coup.

Malgré cette déception, l'après-midi des ultimes épreuves est palpitant pour le public. À tour de rôle, sur scène pendant une heure, chaque finaliste fait démonstration de son excellence en produisant plusieurs cocktails, en corrigeant les erreurs d'une carte des vins (qu'il s'agisse de l'orthographe, des millésimes ou de l'origine), en servant du vin à table, en l'accordant avec un plat. Arrive le clou du spectacle ces virtuoses de la sommellerie doivent, en quatre minutes, identifier quatre vins blancs, puis quatre rouges, et relier deux types de roches géologiques à deux types de ces vins. Enfin, tour à tour, Nina Jensen, Reeze Choi et Raimonds Tomsons dégustent trois vins afin d'en reconnaître les millésimes, puis en font le commentaire. La compétition se révèle serrée, mais c'est finalement le Letton qui l'emporte, faisant entrer son pays, qui n'en est qu'aux balbutiements de la viticulture, dans l'histoire mondiale du vin.

À 42 ans, Raimonds Tomsons accomplit son rêve. « Heureusement, car ma femme ne m'avait accordé qu'une seconde chance, sourit-il. La préparation à ce concours prend tellement de temps ! » À Riga, ce père de quatre enfants, grand, élancé, à l'allure sportive, est le sommelier du *Barents*, l'une des plus belles tables de la capitale lettone. Aussitôt, il fait la fierté de son pays. Le concours est si renommé que le président de la République, Edgars Rinkēvičs, décroche son téléphone pour remercier le président de l'UDSF de l'époque, Philippe Faure-Brac : « Grâce à vous, le monde entier sait désormais où se trouve la Lettonie ! »

Il faut dire que, dans ce pays au climat très nordique, il n'existe encore qu'un seul domaine viticole expérimental. Comment donc un Letton, qui de surcroît a grandi à Roja, village au bord de la mer Baltique, où ses parents ne buvaient pas de vin, peut-il devenir le meilleur sommelier du monde ? Son parcours initiatique démontre le pouvoir social et politique du vin. À 24 ans, Raimonds découvre le vin « par accident ». N'étant pas admis à l'université, il se rend à Riga, où il doit faire son service militaire. « Un de mes amis m'a dit que je pouvais gagner un peu d'argent comme barman, car il y a beaucoup de touristes dans la capitale, raconte-t-il. L'idée m'a plu, car j'aime échanger avec les gens. Après l'armée, j'ai travaillé au restaurant *Vincents*, qui est très célèbre, notamment parce que son chef Martins Ritins [décédé en 2022] a travaillé avec Paul Bocuse. » Le jeune homme prend plaisir à accueillir les clients, leur servir du vin, suggérer des bouteilles en accord avec les plats du chef, lequel ne manque pas, bientôt, de l'emmener découvrir les grandes tables européennes – *El Bulli* en Espagne, *Noma* au Danemark… Raimonds est émerveillé, mais il en faut plus pour qu'il entre vraiment dans l'esprit du vin. Avec son mental de sportif, il trouve dans le concours de meilleur sommelier du monde de quoi prouver de quel bois il est fait.

L'Association de la sommellerie internationale, fondée à Reims le 4 juin 1969, est depuis bien organisée sur six continents. Sa devise, « Apprendre. Relever des défis. Concourir », séduit particulièrement le candidat letton. Source d'une économie soutenue, la sommellerie accompagne désormais l'hôtellerie de luxe. Le métier ouvre donc de nouvelles perspectives sur le vin et sur sa culture.

Depuis la création du concours, aucune sommelière ne l'a encore emporté. Mais les vainqueurs ont vu leur vie changer quasi instantanément, tout comme le regard des autres sur eux.

Prenons l'exemple du Français Philippe Faure-Brac, d'origine marseillaise, sacré meilleur sommelier du monde en 1992 à Rio de Janeiro. À peine rentré du Brésil, le voilà à changer les chaises de son *Bistrot du sommelier* ouvert huit ans plus tôt à Paris. Très rapidement, il est happé par l'effet, qu'il n'avait pas soupçonné, de sa notoriété nouvelle : son restaurant doit refuser des clients, et il en sera ainsi pendant au moins les vingt ans qui suivent sa victoire ! Philippe Faure-Brac a alors diversifié son activité, devenant chroniqueur de radio, puis auteur d'une dizaine de livres – parmi lesquels *Saveurs complices des vins et des mets* (EPA, 2002), qui connaît un vif succès en France comme à l'étranger, et a été plusieurs fois réédité. Le sommelier titré est même désormais cocréateur de jeux de société autour du vin. Il fut surtout le premier à pratiquer la sommellerie pour des caves volantes, en tant que conseiller d'une compagnie aérienne pour ses achats de vins. Accessoirement, il a même eu des rôles de restaurateur le temps de trois films, tout en préservant son activité principale.

Après Philippe Faure-Brac, en 2000 à Montréal, Olivier Poussier a lui aussi fait honneur à la France avec ce titre de meilleur sommelier du monde. Il a su multiplier les facettes de son métier, le portant même sur des terrains inexplorés grâce à la création d'un cabinet de conseil. Tout en étant salarié d'un traiteur historique de Paris – en tant que responsable des achats de vins –, il compte parmi ses clients des compagnies aériennes, des syndicats d'appellations viticoles, des domaines prestigieux – qu'il aide à l'assemblage aussi bien qu'en émettant des avis sur leur communication –, mais aussi des tonneliers. Lui aussi est sollicité par des éditeurs pour écrire des livres sur son sujet de prédilection.

Cependant, aucun lauréat n'a su si bien faire fructifier son titre que le Japonais Shinya Tasaki, sacré en 1995 à Tokyo. En créant un magazine consacré au vin, une école pour former des œnologues ou encore des émissions de télévision, il a tellement contribué à promouvoir cette culture nouvelle pour le Japon qu'en 2011 l'empereur Akihito l'a décoré en personne de la médaille du Ruban jaune, réservée à « ceux qui, par leur diligence dans leur métier, sont devenus des modèles pour le peuple ». Quelques années plus tard, le Japon a planté des vignes pour la première fois de son histoire, ce qui était absolument inimaginable en 1995. L'exemple de Shinya Tasaki a hissé au premier plan le métier de sommelier, uniquement considéré à l'origine comme un métier de service secondaire. Il a réellement inspiré les générations qui l'ont suivi.

Comme pour le sport, la sommellerie permet ainsi une ascension sociale. Lorsque Raimonds Tomsons accède à la notoriété le 12 février 2023, il doit prendre garde à ne pas se laisser éblouir par les projecteurs. Dès les semaines suivantes, il est très sollicité : pour participer à un assemblage dans une maison de Champagne – qui pourra s'en prévaloir et faire ainsi augmenter le prix de sa cuvée parrainée par le meilleur sommelier du monde –, pour animer la dégustation d'un château bordelais, sélectionner des vins pour des cartes de restaurant, dessiner un nouveau verre, imaginer des accords mets et vins aussi parfaits que possible... La signature de Raimonds Tomsons fait monter les enchères des produits auxquels il apporte son soutien.

Contrairement aux chefs cuisiniers qui peuvent perdre leurs étoiles, les meilleurs sommeliers du monde le restent jusqu'à leur mort. En outre, Raimonds Tomsons vit dans un pays où tout est à inventer en matière de vin, comme Shinya Tasaki au Japon en 1995.

Qu'un Letton ait emporté la prestigieuse compétition peut faire basculer toute une nouvelle région du monde dans la viticulture. Et, le changement climatique aidant, c'est peut-être un eldorado qui s'ouvre.

LE VIN NE SE BOIT PAS SEULEMENT,
IL SE LIT. ENTRE RÉGLEMENTATION
EUROPÉENNE, MARKETING ET
INNOVATIONS GRAPHIQUES, LA PETITE
BANDE DE PAPIER QUI DÉFINIT ET
DIFFÉRENCIE LES BOUTEILLES RACONTE
UN MILLÉSIME ET BIEN PLUS ENCORE.

ENTRE DÉSIR ET OBLIGATION, L'APPOSITION D'UNE VIGNETTE

8 décembre 2023. Le vin quitte le monde artisanal pour entrer dans celui de l'agro-alimentaire. Les étiquettes de toutes les bouteilles vendues dans l'Union européenne ont désormais l'obligation de porter des mots barbares tels que dioxyde de carbone, lysozyme, saccharose, acide tartrique… La règle sur la transparence de la composition du vin, évoquée depuis 2014 et adoptée par Bruxelles en 2021, entre en vigueur.

Dès la généralisation de la commercialisation du vin en bouteilles – assez tardivement d'ailleurs, à partir des années 1960 –, il a fallu les rendre identifiables par une étiquette, même sommaire, avec un nom de domaine et un millésime. Peu à peu, les mentions obligatoires se sont accumulées : appellation, taux d'alcool, message sanitaire déconseillant la consommation d'alcool aux femmes enceintes, numéro de lot, provenance, présence d'allergènes (tels que les sulfites), volume, informations relatives à l'embouteilleur. Le 8 décembre 2023, les choses se complexifient encore. Toutes les bouteilles produites et commercialisées à compter de cette date doivent impérativement présenter aussi sur leur étiquette une déclaration nutritionnelle (précisant notamment l'apport calorique pour 100 millilitres) et la liste complète des ingrédients du vin qu'elles contiennent. Voilà ce qu'impose le règlement européen 2021/2117.

Comment gérer cette norme administrative supplémentaire ? Pour des vignerons qui ne possèdent qu'un tout petit domaine, elle se révèle un casse-tête. Pour les consommateurs, ces informations constituent la garantie, si besoin est, d'une adéquation avec leur régime alimentaire ou avec les contre-indications liées à leurs allergies.

L'obligation des précisions d'ordre nutritionnel, le monde viticole y avait jusque-là échappé, notamment parce qu'il produit chaque année une cuvée différente. Lié aux conditions biologiques d'un millésime, par définition non reproductible comme l'est un produit né de l'agro-alimentaire, le vin avait pu éviter les mentions déjà imposées à cette industrie, jusqu'à ce que l'Union européenne en décide autrement.

Le 8 décembre 2023, le vin perd un peu de sa poésie en devenant une boisson considérée au même titre qu'un soda reproduit à des millions d'exemplaires.

Que va donc devenir l'étiquette de vin, celle que certains amateurs aiment collectionner ? Ils peuvent toujours espérer que la révolution numérique permette de distinguer d'un côté les mentions obligatoires, qui positionnent le vin à une place commune de produit alimentaire, et d'un autre côté ses caractéristiques identitaires, qui évoquent son univers culturel et artistique, figurant sur ce petit bout de papier collé sur la bouteille.

En réalité, l'étiquette du vin a évolué en même temps que son temps. Si, à ses débuts, elle fait office de simple carte d'identité, très vite, elle se pare de toute une image liée à une histoire, arborant des dessins de châteaux, de portails, des armoiries aux couleurs vives, rehaussées d'or ou argent, des noms écrits en lettres anglaises, etc. — l'ensemble selon des codes plutôt aristocratiques. Puis, récemment, au début du XXIe siècle, le monde du vin a fini par se démocratiser, et se féminiser. En même temps qu'elle devait porter toujours plus de mentions obligatoires, l'étiquette s'est libérée en passant à la moulinette du marketing, afin d'exprimer autrement la philosophie, voire le goût, du contenu de la bouteille.

Comment les lignes ont-elles pu autant bouger ? Grâce à une avancée technique ! L'étiquette est systématiquement devenue autocollante et adhésive au cours des années 1990, alors qu'elle était simplement posée à la colle auparavant, souvent de manière artisanale. Cette mécanisation a permis la généralisation d'une contre-étiquette, très tôt utilisée pour affranchir l'étiquette principale des mentions légales incontournables : afin de préserver l'esthétique de celle-ci, des vignerons pionniers ont eu l'idée de « cacher » les éléments obligatoires en les rassemblant sur cette contre-étiquette. De cette manière, présentées côté face, leurs bouteilles continuent d'arborer fièrement une étiquette unique, celle qui sert leur image, celle que l'on voit immédiatement sur les étagères des cavistes, celle qui est reproduite dans les magazines et autres supports de communication.

Autrefois, le vigneron faisait imprimer des milliers d'étiquettes qu'il utilisait pendant plusieurs années. Il lui suffisait ensuite de poser une collerette au niveau des épaules de la bouteille, mentionnant le millésime, pour que l'on puisse les distinguer entre elles. Ce qui comptait était d'établir un repère, pour susciter chez les clients la familiarisation, la confiance, la fidélité. Peu à peu, cette collerette portant l'année a disparu.

Désormais, le vigneron peut commander à son imprimeur un nombre précis d'étiquettes correspondant à sa quantité de vin et en changer aussi souvent que cela lui chante, de la même manière que ses clients sont devenus plus infidèles. L'étiquette de vin s'est donc faite plus séductrice pour s'adapter aux nouveaux buveurs, papillonnant désormais de cru en cru. Les nouveaux amateurs de vin se font fort de dénicher la dernière cuvée confidentielle pour impressionner leurs amis ? Qu'à cela ne tienne, l'étiquette saura leur parler.

Célèbre pour ses bandes dessinées *Mimi, Fifi & Glouglou*, Michel Tolmer est l'un des tout premiers graphistes à avoir révolutionné les étiquettes de vin. En liant un dessin ludique à un nom de cuvée, non par l'intermédiaire de celui d'un lieu-dit, mais d'un trait d'esprit, d'un jeu de mots, d'une note d'humour, il donne à lire sur l'étiquette une histoire singulière du vin, celle d'une région qui n'a pas le statut du Bordelais ou de la Bourgogne. Et comme les vignerons ressemblent à leur terroir, que leur vin reflète leur « gueule », l'étiquette exprime leur liberté. Michel Tolmer invente dès lors de nouveaux codes couleur, comme le bleu nuit pour symboliser tout l'infini d'un verre de vin, loin des sempiternels dégradés de rouges. Ce n'est pas un hasard s'il élit d'abord comme terrain de jeu la Loire et le Beaujolais, régions qui accueillent énormément de néo-vignerons, sans filet et sans habitudes. De plus en plus lié au milieu du vin naturel, le graphiste exporte ensuite son pouvoir libérateur dans d'autres contrées, en Géorgie, au Québec, à la suite de quoi seulement il intervient dans des régions françaises plus traditionnelles, comme la Bourgogne. Si l'étiquette d'un genre plus contemporain pénètre enfin ces vignobles qui n'ont *a priori* pas besoin de changer leur image, c'est souvent au premier chef pour exprimer une féminité nouvelle dans un univers monopolisé par des codes masculins.

L'originalité d'une étiquette passe parfois par un style épuré plutôt que par un foisonnement alambiqué. Graphiste publicitaire avant de se consacrer à la création d'étiquettes de vin, Patrick Cambolin a ainsi, le premier, renouvelé l'image de la Champagne pour le domaine Selosse, loin des dessins des années folles ou des noms de maisons inscrits dans des typographies grasses, noires ou or. Pourquoi l'étiquette de vin champenoise a-t-elle opéré sa révolution précisément chez Anselme Selosse ? Ce vigneron est le tout premier à avoir proposé une lecture gustative différente de sa région, grâce notamment à des mono-crus, avec des vins de terroir et de lieux-dits quand les autres Champenois ont toujours privilégié les vins d'assemblage de parcelles, fussent-elles très éloignées les unes des autres. Il fallait oser modifier la hiérarchie de l'information, en mettant plus en lumière sur l'étiquette le nom du vigneron que celui d'une région à l'aura internationale. La révolution de l'étiquette traduit une révolution du savoir-faire.

Dans le Sancerrois, Didier Dagueneau a fait le pari identique de miser sur son nom, plus que sur celui de l'appellation Pouilly-fumé. Ce précurseur a créé des noms de cuvée comme *Silex*, mille fois copié par la suite, *Pur Sang* ou encore *Blanc fumé*, qu'il a illustrés d'une longue partition inventée en guise d'étiquette. Une manière d'affirmer qu'il est plus qu'un vigneron, un artiste, et le seul interprète de son terroir. En produisant son vin, il est le seul à connaître la chanson. Tel est le message à lire entre les lignes de son étiquette.

Avec ces pionniers, Selosse et Dagueneau, l'étiquette s'est ouverte sur une philosophie, une intention artistique, une volonté de dépoussiérer un environnement. Devenus des références, ces vignerons ont été des sources d'inspiration. Ils ont permis de lâcher des brides partout sur le territoire.

Un autre graphiste, Vincent Pousson, a également contribué à cette appropriation de l'étiquette par le marketing, surtout dans les vignobles du sud de la France, où longtemps la recherche de crédibilité s'est faite par le classicisme : il s'agissait pour une nouvelle génération de vignerons de prouver qu'elle produisait des vins de qualité, dignes des plus grandes régions viticoles. Vincent Pousson a préféré leur proposer un contre-pied, par des étiquettes originales et des couleurs inattendues en la matière. Dans les vignobles qui suscitent auprès de leurs clients potentiels des *a priori* négatifs, le marketing s'empare de l'étiquette pour les combattre. Ainsi, dans le Frontonnais, victime d'une réputation tenace pour sa négrette rustique, les Vignobles Arbeau, qui produisent des vins biologiques et digestes, parent désormais leurs bouteilles d'étiquettes qui savent attirer l'œil en sortant des sentiers battus. Par exemple, un fond noir est recouvert d'énormes lettres en blanc pour énumérer tous les noms connus de ce cépage, avant la conclusion : « ... et, ici, chez elle, à toulouse, on l'appelle négrette ». Aucune majuscule dans le texte, afin d'affirmer qu'on ne respecte pas les codes, excepté ceux du lieu.

On peut donc compter sur l'imagination des producteurs de vins pour que continuent de rêver les consommateurs, malgré les obligations européennes tombées comme un pavé dans la cuve en 2023. Déjà, une solution autre que la contre-étiquette surgit : un QR Code, sous lequel sont résumées toutes les indications obligatoires. Il s'agit là non seulement de ne pas alourdir l'étiquette devenue décidément bien chargée au fil des ans, mais aussi d'économiser du papier. Face aux défis qui se présentent, la résilience du monde du vin n'a finit pas de nous surprendre.

L'INTELLIGENCE ARTIFICIELLE BOUSCULE
LE MONDE DU VIN : UN SOMMELIER
INVISIBLE S'INVITE À TABLE,
DES ROBOTS S'IMMISCENT
DANS LES VIGNES, PENDANT QUE
D'AUTRES LES SURVOLENT.
QUEL AVENIR SE PROFILE ?

UN MONDE SANS CESSE RÉINVENTÉ

21 mai 2025. Le premier sommelier numérique au monde fait ses débuts en France. Il s'appelle Victor ; sans costume ni cravate, il est particulièrement discret, pas du genre à la ramener. Et pour cause, il est seulement un outil immatériel qui fonctionne grâce à l'intelligence artificielle. Créé par Mickaël Glaunez, un entrepreneur de 39 ans originaire des Yvelines, Victor comble, grâce à son savoir et ses conseils, l'absence d'un sommelier dans les brasseries et les restaurants qui n'ont pas les moyens d'en embaucher un.

L'inventeur de cet outil ultra contemporain, un autodidacte déterminé et ambitieux qui partage sa vie entre Paris et Dubaï où il met au point des technologies concrètes et accessibles, vise juste avec son innovation numérique. Grâce à une base riche et évolutive de données sérieuses, il permet à tous d'accéder à une expérience personnalisée du vin au restaurant : le restaurateur peut aller plus vite dans la prise de commande et surtout les clients ne sont plus intimidés par le choix à faire.

Cette dégustation sur mesure s'adapte à l'évolution générale des services, vers toujours plus de démocratisation et d'accessibilité, surtout lorsqu'il s'agit de sujets qui apparaissent comme mystérieux, telle l'œnologie. Avec Victor, IA de la sommellerie, il est garanti que le vin choisi est totalement approprié au goût du client. En quelques secondes, ce système de carte connectée placée au préalable sur la table lui soumet des suggestions selon la cave du restaurant : Victor pose quatre questions au client à propos de l'environnement, l'ambiance du repas, ses préférences et les plats envisagés. Après avoir analysé ses réponses, il lui fait deux propositions, l'une d'un vin prestigieux, l'autre d'un vin plus accessible. Éventuellement, il répond aussi à ses questions, lui donne des explications sur les vins, leur origine et leurs saveurs. De premières brasseries parisiennes ont déjà « embauché » Victor…

Miroir de son temps, le monde du vin évolue sans cesse, s'adapte, trouve des façons de rester au cœur de la civilisation et de ses mutations. Pas plus que de nombreux autres secteurs il ne se prive de l'intelligence artificielle : elle le transforme même tout entier, de la vigne au verre de vin, en passant par toutes les étapes de sa conception, de sa commercialisation et de sa consommation, comme l'exemple de Victor le prouve. Faisons un petit tour d'horizon de la révolution déjà engagée par l'introduction de l'IA au sein de ce monde agricole. Dans les vignes, les avancées technologiques se traduisent par une gestion de plus en plus fine, grâce à la combinaison de données récoltées à l'aide de capteurs, de drones, d'images satellitaires analysées par l'intelligence artificielle. Ces nouvelles méthodes visent à permettre aux vignerons d'anticiper davantage les maladies comme le mildiou ou l'oïdium, et d'adapter plus précisément les traitements. Pour les vignes irriguées, l'IA peut aussi raisonner l'arrosage afin d'éviter le stress hydrique avec justesse.

Mais elle intervient aussi dans toute la robotisation qui s'accroît pour le travail des vignes. Si la vendange mécanique se généralise depuis les années 1990, elle devient de plus en plus performante grâce aussi à l'IA, qui peut gérer le choix des raisins, selon leur maturité et leur qualité. La main de l'homme est peu à peu remplacée dans toutes les tâches ardues. Car, il faut bien le reconnaître, à la sempiternelle question « Qui veut piocher ? » la réponse est unanime : personne ! L'amour pour la terre qui crée ce lien entre l'homme et son vignoble, celui qui contribue à lui donner la force de travailler sans compter, s'efface peu à peu, en même temps que les hommes deviennent citadins. Ajoutons à cela la dévalorisation au cours du temps des travaux agricoles : comment des revenus trop bas peuvent-ils encourager à se lever dès potron-minet et se geler les mains dans le froid de l'hiver ?

Progressivement, la machine a remplacé les gestes les plus douloureux à répéter, et l'intelligence artificielle prend le relais pour accroître encore la facilité, allant même jusqu'à enlever au vigneron des sources d'angoisse notamment en matière de vinification. L'IA peut intervenir désormais dans le processus d'élaboration du vin, en suivant l'évolution des températures de la fermentation, ainsi que la densité ou les taux de sucre. Elle peut même suggérer des assemblages, détecter des défauts grâce à des capteurs, identifier rapidement des problèmes de contamination ou d'oxydation, par exemple.

Sur le plan logistique, elle permet d'optimiser la gestion des stocks, des commandes, des expéditions, voire la réduction de l'empreinte carbone en suggérant des modes d'emballage ou de transport. Enfin, y compris en ce qui concerne le marketing, elle peut épauler le vigneron par des recommandations personnalisées, des analyses de tendances de consommation ou de packaging.

Le métier est devenu au cours des siècles si multiple que les applications de l'IA dans ce secteur se révèlent infinies. Autrefois, le vigneron travaillait ses vignes, un négociant faisait le vin, un autre professionnel le commercialisait. Aujourd'hui, l'activité d'un domaine viticole s'est complexifiée à l'extrême, avec des obligations administratives et comptables en plus du cœur de métier.

Mais le plus difficile en cette première moitié du XXIe siècle est la déconsommation de vin et de boissons alcoolisées chez les jeunes générations. Le vin n'appartient plus au quotidien depuis les années 1980;

on ne le boit plus pour les mêmes raisons qu'avant, notamment davantage pour se sociabiliser que comme complément alimentaire.

De nouveaux défis surgissent, y compris géopolitiques. Bien que l'IA permette d'en régler certains, beaucoup d'autres réclament une créativité sans cesse renouvelée de la part des professionnels pour s'adapter aux changements de plus en plus rapides et de plus en plus inattendus.

Le manque de main-d'œuvre fait partie du nouveau quotidien de la viticulture. Les vendangeurs se font rares ou ne sont pas fiables. Les tractoristes deviennent si difficiles à trouver que parfois les domaines les embauchent en commun. Alors, les robots continuent de se multiplier dans le paysage : ils tondent, désherbent, taillent, rognent, vendangent et surveillent l'état de santé des vignes… Dotés de caméras à 360 degrés, de GPS, de divers capteurs, ils ne cassent pas les ceps comme l'humain peut le faire. Sachant qu'un cep cassé représente des années de travail qui s'évanouissent.

Dans les grands vignobles américains, l'utilisation de l'IA est fréquente depuis les années 2010. En Californie, par exemple, l'outil Enologix prend de l'ampleur : il est utilisé jusque dans les vignobles les plus prestigieux, comme Cakebread ou Ridge, afin de recueillir des algorithmes prédisant la qualité des raisins et des vins et de mieux dessiner au préalable le profil des goûts et des cuvées. L'utilisation de l'IA dépasse le stade industriel et s'immisce d'une manière ou d'une autre dans la vie des plus petits domaines, dont l'activité se complexifie bien malgré eux.

Dix ans plus tard, dans les années 2020, l'IA a commencé à se répandre en Europe, qui parvient à la dédiaboliser et à la dompter. Le robot français Wall-YE a très vite été adopté pour la taille automatisée. Il faut reconnaître à cet outil une précision qui ne peut qu'améliorer la performance d'une entreprise viticole, y compris en ce qui concerne ses rendements, la qualité de ses vendanges et donc ses revenus.

La première utilisation arrive souvent après l'adoption d'un ou plusieurs drones multispectraux, qui donnent des renseignements sur l'état de la vigne mais aussi des sols et parfois des sous-sols. Liées à des capteurs météo et à de l'imagerie satellitaire, ces données sont ensuite analysées par des consultants payés par les entreprises viticoles qui s'entourent de plus en plus d'experts, familiers de ces nouvelles méthodes.

Le personnage du vigneron qui fait confiance à son expérience et à son intuition pour décider seul de sa date de vendange, de son mode de taille, de sa vinification devient rare, annihilé souvent par une pression économique de plus en plus insupportable. Même les plus aguerris, même les anciens qui font autorité finissent désormais par se tromper sous le joug de la demande d'un marché impatient, d'un banquier impatient et incompréhensif du temps long de la viticulture.

Le fait n'est pas sans conséquence. Par exemple, faute d'attendre trois ans au minimum entre l'arrachage d'une vigne et sa replantation afin que la terre se repose et s'autonettoie, comme cela se pratique depuis la nuit des temps, les vignes sont souvent replantées trop vite pour mourir trop vite, sans avoir la possibilité de s'ancrer, de s'enfoncer dans le sol dont elles doivent exprimer l'identité, les subtilités, et l'unicité.

La culture de la vigne est par définition anachronique, car elle exige une patience que plus personne ne peut se permettre, si ce n'est le monde de la haute finance qui se passionne pour le vin de prestige. Voyons combien d'années sont nécessaires entre les années de repos de la terre, une plantation, la première récolte trois ans plus tard, l'élevage du vin et son vieillissement : au minimum dix ans. L'IA qui devient un levier dans la filière depuis 2017 permet, sinon de réduire ce temps, du moins de l'optimiser, d'éviter d'en perdre. Car qui plante le mauvais cépage au mauvais endroit est bon pour arracher et replanter rapidement.

Surtout, ce système permet un échange plus rapide des données entre des professionnels qui se posent les mêmes questions d'un bout à l'autre de la planète. Prenons l'exemple des incendies qui se sont multipliés dans certains vignobles au cours des années 2020. Même éloignés, les feux contaminent les vignes en donnant un goût indélébile de brûlé aux raisins. Dorénavant, il existe des technologies avancées qui permettent de corriger les vinifications afin de diminuer, voire de faire disparaître, ce goût gênant au lieu de jeter la récolte. Par l'adoption d'outils contemporains, le monde du vin continue d'être le miroir de la société qui le fait naître, en lui offrant les saveurs qui lui ressemblent.

CHRONOLOGIE

Environ 400 000 av. J.-C. Séparation de la vigne sauvage en deux branches évolutives

9500 av. J.-C. Mise en culture des premiers pieds de vigne dans le Caucase et le Croissant fertile

21 mars 515 av. J.-C. Offrandes de vin à Darius Ier pour les fêtes de Nowruz (Nouvel An) à Persépolis

Ier siècle apr. J.-C Publication de l'*Histoire naturelle* par Pline l'Ancien, recensant plus de 91 cépages dans l'Empire romain

7 avril 30 Dernier repas, à Jérusalem, de Jésus de Nazareth, entouré de ses douze apôtres durant lequel le vin représente le sang de son sacrifice

65 Rédaction de *De re rustica* par Lucius Columelle, traité agronomique déclarant la viticulture rentable

79 Éruption du Vésuve, destruction de Pompéi et perte du vignoble local

92 Édit de Domitien limitant la culture de la vigne dans les Provinces romaines

11 novembre 397 Enterrement de Martin, évêque de Tours

630-655 Évêché de Didier de Cahors, grand propriétaire viticole

1215 Reconnaissance du concept de transsubstantiation du pain et du vin au IVe Concile du Latran

1224 Publication de *La Bataille des vins*, d'Henri d'Andeli, fable autour d'une dégustation comparative organisée par le roi de France

12 mars 1322 Création par Charles IV le Bel de la Compagnie des courtiers jurés-experts piqueurs de vins de Paris

1435 Traité d'Arras instaurant la paix entre le roi de France, Charles VII, et le duc de Bourgogne Philippe le Hardi

23 mai – 10 octobre 1371 Célébrations de la naissance du fils de Philippe le Hardi, le futur Jean sans Peur, au cours desquelles 190 litres de vin sont servis chaque jour aux hôtes

31 juillet 1395 Promulgation par Philippe le Hardi d'une ordonnance interdisant la culture du gamay en Bourgogne

1490 Parution du *Débat du Vin et de l'Eau*, de Pierre Jamec

1613 Promulgation par Louis XIII d'une ordonnance par laquelle il se nomme premier confrère de la Compagnie des courtiers jurés-experts piqueurs de vins de Paris

21 novembre 1662 Reconnaissance officielle par le Parlement d'Angleterre de Sir Kenelm Digby en tant qu'inventeur de la bouteille en verre solide, trente ans plus tôt

1668 Début des travaux du moine Dom Pérignon sur l'effervescence du vin

1670 Adoption par les Hollandais du modèle de bouteille créé par Sir Kenelm Digby

1707 Adoption par les Français du modèle de bouteille créé par Sir Kenelm Digby

1735
- Commande par Louis XV des tableaux *Le Déjeuner de jambon*, de Nicolas Lancret, et *Le Déjeuner d'huîtres*, de Jean-François de Troy, montrant du vin en bouteille
- Déclaration royale visant à standardiser la contenance et le poids de la bouteille dans le royaume de France

1787
- Traité de commerce franco-russe établissant une distinction entre vin en barrique et vin en bouteille
- Visite dans le vignoble bordelais de Thomas Jefferson, qui publie ses commentaires sur les crus dans un journal de voyage

1810 Début de la construction du chai de Château Margaux par l'architecte Louis Combes

1822 Ouverture à Paris de la première boutique Nicolas, qui propose du vin au détail

1849 Ouverture de la ligne de chemin de fer Paris-Lyon, qui facilite le transport du vin

1855
- Publication par le docteur Jules Lavalle de son *Histoire et statistique de la vigne et des grands vins de la Côte-d'Or*, premier classement des vins bourguignons
- Invention par Jules Salleron du vino-colorimètre, pour juger de la qualité d'un vin en mesurant sa couleur et son éclat

18 avril 1855 Publication du classement des vins de Bordeaux sur la rive gauche de la Garonne

15 mai – 15 novembre 1855 Exposition universelle de Paris

1863 Premières observations du phylloxéra en France

1866 Publication par Louis Pasteur de ses *Études sur le vin*

1885 Publication des *Maladies de la vigne*, de Pierre Viala

15 juillet 1868 Officialisation de la découverte du phylloxéra dans les vignobles des Alpilles

15 janvier 1877 Reconnaissance scientifique de Dom Pérignon comme inventeur pionnier de la méthode champenoise

juin – décembre 1887 Voyage aux États-Unis de Pierre Viala, qui mène à la mise au point du porte-greffe contre l'invasion du phylloxéra

1905 Adoption d'une loi portant sur la répression des fraudes

13 avril 1909 Fin de la rédaction par Pierre Viala du *Traité général de viticulture*, considéré comme le premier inventaire des cépages français

6 mai 1919 Adoption d'une loi octroyant aux professionnels le pouvoir d'établir un droit collectif de propriété

1923 Création du Syndicat des vignerons de Châteauneuf-du-Pape

1924
- Première mise en bouteilles du vin au domaine, pour le Château Mouton-Rothschild, avec une étiquette dessinée par l'affichiste Jean Carlu
- Création du déjeuner la Paulée de Meursault en Bourgogne

7-16 juin 1924 Conférences de Rudolf Steiner à Koberwitz (Pologne actuelle) sur ses préceptes anthroposophiques, considérés comme les fondements de la biodynamie

1927 Systématisation de la mise en bouteilles au domaine pour le Château Mouton-Rothschild

1932 Nomination de Pierre Le Roy de Boiseaumarié au poste de secrétaire général de la Section des grands crus de la Fédération des associations viticoles de France

1934 Création de la Confrérie des Chevaliers du Tastevin en Bourgogne

1935 Création de la première route des vins en Allemagne, par le pouvoir national-socialiste

30 juillet 1935
- Création officielle du Comité national des appellations d'origine des vins et des eaux-de-vie (Cnao), sous l'impulsion de Joseph Capus et Pierre Le Roy
- Nomination de Joseph Capus au poste de président du Cnao

15 mai 1936 — Reconnaissance juridique de l'appellation Châteauneuf-du-Pape, accompagnée des appellations Arbois, Cassis, Cognac, Monbazillac et Tavel

1937 — Création de la route des vins en Bourgogne

1945 — Généralisation de l'étiquette artistique sur les bouteilles de Mouton

2 novembre 1945 — Ordonnance du général de Gaulle attribuant l'appellation d'origine contrôlée aux vins d'Alsace

16 juillet 1947 — Changement de dénomination pour le Cnao, qui devient l'Institut national des appellations d'origine (Inao)

1953 — Entrée à l'Inao des produits fromagers, fruits, légumes et viandes

30 mai 1953 — Inauguration de la Route des Vins d'Alsace

août 1956 — Interdiction de servir du vin aux enfants de moins de 14 ans dans les cantines scolaires

17 avril – 19 octobre 1958 — Présentation des premiers verres à vin Riedel à l'Exposition universelle de Bruxelles

1963 — Adoption d'un système d'appellation des vins en Italie

21 juin 1973 — Acceptation par le ministre de l'Agriculture Jacques Chirac d'une modification du classement de 1855 en faveur du Château Mouton-Rothschild, désormais reconnu comme un premier cru

Été 1975 — Voyage de Steven Spurrier et Patricia Gallagher dans des *wineries* de Californie

24 mai 1976 — Jugement de Paris : victoire de vins californiens sur des vins français lors d'une dégustation à l'aveugle

27 octobre 1976 — Sortie au cinéma de *L'Aile ou la Cuisse* de Claude Zidi, avec Louis de Funès

1978 — Création de la revue *The Wine Advocate* par le critique américain Robert Parker

1979 — Création du vignoble d'Opus One en Californie, par la famille Mondavi en partenariat avec la famille Rothschild

1981 — Interdiction de servir du vin aux élèves dans les cantines des lycées

1983 —
- Premières participations du critique américain Robert Parker aux dégustations des primeurs bordelais
- Adoption d'un système d'appellation des vins en Californie

31 mars 1987 — Parution dans le journal *Sud-Ouest* du premier article sur Robert Parker

9 mai 1987 — Visite par une délégation du Centre Georges-Pompidou du nouveau chai du Château Lafite-Rothschild, réalisé par l'architecte Ricardo Bofill

20 juin 1988 — Premier dîner officiel au nouveau chai du Château Lafite-Rothschild

22-26 juin 1988 — Premier salon Vinexpo à Bordeaux

10 janvier 1991 — Adoption de la loi Évin encadrant la publicité sur l'alcool et le tabac

Novembre 1997 — Dégustation organisée à la faculté d'œnologie de Talence, près de Bordeaux, révélant les mécanismes physiologiques de la dégustation

1999 Nomination de Robert Parker au grade de chevalier de la légion d'honneur par le président Jacques Chirac

2000 Publication du *Dictionnaire encyclopédique des cépages et de leurs synonymes* de Pierre Galet

2002 Décret officialisant l'agriculture raisonnée

6 août 2003 Déclenchement de vendanges précoces dans le Languedoc-Roussillon du fait d'une canicule historique

4 décembre 2006 Décret autorisant les vignerons français à irriguer leurs vignobles entre le 1er mai et le 15 août

25 avril 2008 Vente aux enchères à New York de vins de Bourgogne prestigieux par le faussaire Rudy Kurniawan

2009 Création du label d'œnotourisme Vignobles & Découvertes

2012
- Harmonisation au sein de l'Union européenne du système des appellations d'origine protégée
- Vente de la revue *The Wine Advocate* par Robert Parker à un groupe singapourien

7 août 2014 Condamnation de Rudy Kurniawan à 10 ans de prison et 28,5 millions de dollars de dédommagement aux vigerons victimes de son escroquerie

2015 Décret européen autorisant la plantation de vignes à but commercial dans des régions historiquement non viticoles

2016 Reconnaissance du Jugement de Paris comme événement historique aux États-Unis

1er janvier 2016 Entrée en vigueur d'une directive européenne autorisant la plantation de nouvelles vignes

2017
- Entrée de Michelin au capital de la revue *The Wine Advocate* cédée par Robert Parker à un groupe singapourien
- Publication d'une étude scientifique attestant la domestication de la vigne aux alentours de 6000 av. J.-C.

8 septembre 2017 Décret prolongeant le droit d'irrigation des vignobles au-delà du 15 août

1er - 3 juillet 2019 Premier Congrès international du chenin à Angers, autour de la question des teneurs en sucre et de la chaptalisation des vins d'appellation

2022
- Publication de *Bordeaux grands crus : la reconquête*, de Jean-Michel Cazes, propriétaire du Château Lynch-Bages à Pauillac
- Attribution du Label Vignobles & Découvertes à 71 destinations œnotouristiques

1er - 3 novembre 2022 Deuxième Congrès international du chenin à Stellenbosch, en Afrique du Sud

12 février 2023 Victoire du Letton Raimonds Tomsons au concours du meilleur sommelier du monde

2 mars 2023 Publication dans la revue *Science* d'une étude internationale faisant remonter la naissance de la vigne domestique à 9500 av. J.-C.

8 décembre 2023 Entrée en vigueur de l'obligation de déclaration nutritionnelle sur les étiquettes des vins de l'Union européenne

Fin 2024 Annonce de l'arrachage de milliers d'hectares de vignes en France

21 mai 2025 Création de Victor, premier sommelier numérique au monde, par le Français Mickaël Glaunez

BIBLIOGRAPHIE

AGI, Tadashi, OKIMOTO, Shu. *Les gouttes de Dieu.* Paris : Glénat, 2008-2016. Volumes 1 à 44.

ANCELOT, Jean-Baptiste. *Wine Explorers : le premier tour du monde du vin.* Mouans-Sartoux : Omniscience, 2019.

BARRIER, Sébastien. *Savoir enfin qui nous buvons.* Arles : Actes Sud, 2016.

BEAU, Christophe, GONZALEZ, Sinthia. *ABCDaire : être vigneron... en liberté.* Montbéliard : Tonnerre de l'Est, 2017. Collection Grappillages.

BOMPAS, Olivier. *Et avec ça, qu'est-ce qu'on boit ? 400 idées pour accorder parfaitement vos mets et vos boissons.* Paris : Hachette Pratique, 2015. Collection Hachette Vins.

BOURGUIGNON, Claude, BOURGUIGNON, Lydia. *Le sol, la terre et les champs.* Paris : Sang de la terre, 2002. Collection Les dossiers de l'écologie.

BUCELLA, Fabrizio. *Pourquoi boit-on du vin ? Une enquête insolite et palpitante du Prof. Fabrizio Bucella.* Malakoff : Dunod, 2019.

CASAMAYOR, Pierre, LIMOUSIN, Éric. *Les vignobles des chemins de Compostelle.* Paris : Hachette Pratique, 2003.

CUKIERMAN, Jérémy, CARLSSON, Leif. *Vignerons essentiels : entre tradition et innovation.* Paris : La Martinière, 2019.

DALI, Salvador. *Les Vins de Gala du divin.* Paris : Draeger, 1977.

DELERM, Philippe. *La première gorgée de bière. Et autres plaisirs minuscules.* Paris : Gallimard, 1997. Collection L'Arpenteur.

DEYRIEUX, André. *Cinquante jours pour comprendre autrement le vin.* Paris : Ellipses, 2019.

DION, Roger. *Le paysage et la vigne : essais de géographie historique.* Paris : Payot, 1990. Collection Bibliothèque historique Payot.

DUPONT, Jacques. *Choses bues.* Paris : Grasset, 2008.

DUPONT, Jacques. *Le vin et moi.* Paris : Stock, 2016.

GOTTI, Laurent, PITIOT, Sylvain. *Les vins de Bourgogne (18e édition).* Beaune : Éditions Collection Pierre Poupon, 2025.

GOTTI, Laurent. *Hospices de Beaune : la saga d'un hôpital-vigneron.* Bordeaux : Féret, 2009.

HARRISON, Jim. *Aventures d'un gourmand vagabond.* Traduit de l'anglais (États-Unis) par MATTHIEUSSENT, Brice. Paris : Christian Bourgois éditeur, 2002.

JOLY, Nicolas. *Le vin, du ciel à la terre : la viticulture en biodynamie.* Paris : Sang de la terre : 1977. Collection Gastronomie.

KAUFFMANN, Jean-Paul. *Voyage à Bordeaux : 1989.* Paris : Éditions des Équateurs, 2011. Collection Équateurs parallèles.

LAPAQUE, Sébastien. *Théorie de la bulle carrée.* Arles : Actes Sud, 2019.

LATOUR, Louis. *Vin de Bourgogne : le parcours de la qualité. Ier siècle-XIXe siècle : essai d'œnologie historique.* Précy-sous-Thil : Éditions de l'Armançon, 2012. Collection Vin et culture.

LAVALLE, Jules, GARNIER, Joseph. *Histoire et statistique de la vigne et des grands vins de la Côte-d'Or (1855).* Nuits-Saint-Georges : Fondation Geisweiler, 1972.

LÉGLISE, Max. *La vigne et le vin entre Ciel et Terre.* Paris : Les Éditions du Vin/LeRouge&leBlanc, 2007.

LÉGLISE, Max. *Les méthodes biologiques appliquées à la vinification et à l'œnologie. Vinifications et fermentations (vol. 1).* Paris : Le Courrier du livre, 2003.

LUCAND, Christophe. *Les négociants en vins de Bourgogne : de la fin du XIXe siècle à nos jours.* Bordeaux : Féret, 2011.

LYNCH, Kermit. *Mes aventures sur les routes du vin.* Traduit de l'anglais (États-Unis) par BOLTER, Trudy. Paris : Payot, 2004. Collection Voyageurs Payot.

MCGOVERN, Patrick. *Naissance de la vigne et du vin.* Paris : Libre & Solidaire, 2016.

MCINERNEY, Jay. *Bacchus et moi.* Traduit de l'anglais (États-Unis) par BRISSAUD Sophie. Paris : La Martinière, 2013.

OBERLÉ, Gérard. *Itinéraire spiritueux.* Paris : Grasset, 2006.

ONFRAY, Michel. *Les formes du temps : théorie du sauternes.* Paris : Le Livre de Poche, 2009. N° 31465. Collection Biblio essais.

PAITIER, Marc. *Les vignerons du ciel : les moines et le vin.* Paris : Mareuil Éditions, 2021.

PITTE, Jean-Robert. *Bordeaux-Bourgogne : les passions rivales.* Paris : Hachette Littératures, 2005.

PITTE, Jean-Robert. *L'Amour du Vin.* Paris : CNRS éditions, 2013.

PIVOT, Bernard (préface). *Climats du vignoble de Bourgogne : un patrimoine millénaire exceptionnel.* Paris : Glénat, 2013. Collection Le verre et l'assiette.

PIVOT, Bernard. *Dictionnaire amoureux du vin.* Paris : Plon, 2006.

PLATRET, Gilles. *Neuf siècles au cœur de la Bourgogne : le Cellier aux Moines et son Clos.* Paris : Assouline, 2013.

POUPON, Pierre. *Le bouquet des vendanges : carnet d'un Bourguignon.* Beaune : Édition Collection Pierre Poupon, 2007.

PUTIGNY, Bob. *L'épopée de Bourgogne : une marche vers l'Europe.* Paris : Robert Laffont, 1986.

QUÉNIOUX, Bruno. *La vie mystérieuse du vin.* Paris : Le cherche midi, 2019.

RAMUZ, Charles-Ferdinand. *Fête des vignerons.* Tusson : Éditions du Lérot, 2012 (première édition : 1929).

REVEL, Jean-François. *Un festin en paroles : histoire littéraire de la sensibilité gastronomique de l'Antiquité à nos jours.* Paris : Tallandier, 2007. Collection Texto.

RIGAUX, Jacky. *Le climat, le vigneron et le gourmet.* Clémencey : Terre en Vues, 2019.

RIGAUX, Jacky. *Le monde du vin aujourd'hui.* Clémencey : Terre en Vues, 2020.

RIGAUX, Jacky. *Les temps de la vigne : Henri Jayer, vigneron en Bourgogne.* Clémencey : Terre en Vues, 2020.

ROUPNEL, Gaston. *La Bourgogne : types et coutumes.* Paris : Éditions Horizons de France, 1936.

SCHNERB, Bertrand. *Les Armagnacs et les Bourguignons : la maudite guerre.* Paris : Perrin, 1988.

SELOSSE, Marc-André. *Les goûts et les couleurs du monde : une histoire naturelle des tannins, de l'écologie à la santé.* Arles : Actes Sud, 2019.

SERRES, Olivier de. *Le Théâtre d'agriculture et mesnage des champs.* Arles : Actes Sud, 1996 (première édition : 1600).

SPURRIER, Steven. *A Life in Wine.* Shrewsbury : Académie du Vin Library Limited, 2020.

STEINER, Rudolf. *Le cours aux agriculteurs.* Montesson : Éditions Novalis, 2003.

TAINTURIER, abbé François. *Remarques sur la culture des vignes de Beaune et lieux circonvoisins, 1763.* Précy-sous-Thil : Éditions de l'Armançon, 2000.

Numéro d'éditeur : 264045/10299638
Dépôt légal : octobre 2025
Achevé d'imprimer en Espagne par Egedsa en septembre 2025